京津冀企业环境行为

的驱动因素 · 综合评价 · 市场反应研究

王志亮　吴伟容　著

JINGJINJI QIYE HUANJING XINGWEI

DE QUDONG YINSU
ZONGHE PINGJIA
SHICHANG FANYING YANJIU

中国政法大学出版社

2019 · 北京

图书在版编目（CIP）数据

京津冀企业环境行为的驱动因素 ·综合评价 ·市场反应研究/王志亮，吴伟容著.—北京：
中国政法大学出版社，2019.12
ISBN 978-7-5620-9379-4

Ⅰ.①京… Ⅱ.①王… ②吴… Ⅲ.①企业环境管理—管理行为—研究—华北地区
Ⅳ.①X322.22

中国版本图书馆 CIP 数据核字(2019)第 290645 号

出 版 者	中国政法大学出版社
地　　址	北京市海淀区西土城路 25 号
邮寄地址	北京 100088 信箱 8034 分箱　邮编 100088
网　　址	http://www.cuplpress.com (网络实名：中国政法大学出版社)
电　　话	010-58908285(总编室) 58908433（编辑部）58908334(邮购部)
承　　印	保定市中画美凯印刷有限公司
开　　本	720mm×960mm　1/16
印　　张	13
字　　数	210 千字
版　　次	2019 年 12 月第 1 版
印　　次	2019 年 12 月第 1 次印刷
定　　价	55.00 元

前 言
Preface

    企业是经济发展和环境污染的重要载体，资本的逐利性和环境成本的外部性往往导致企业在生产经营中过于关注企业自身的经济利益而忽略履行环境保护义务。从国内外企业环境管理实践的发展和演化历程来看，企业环境行为的优化与政府环境管制、市场环境监督（制度）的发展和变化密不可分。

    企业环境行为是多重因素共同驱动的结果，现有研究文献根据影响因素的来源将其大致划分为外部、内部两个方面，包括了政府规制、利益相关者态度、企业特征和经济利益等四类因素。①政府规制。企业最初采取的环境行为主要是受到政府规制而采取的遵守环境法律法规的被动行为。Gray 等（1996）通过对美国钢铁企业的环境行为进行研究发现执法力度越强，企业的环境行为实施程度越高；Robert（2009）根据美国与墨西哥边境企业的 35 年数据证实了政府的环境规制是企业环境行为的主要驱动力；陈兴荣（2012）通过分析与推导提出政府的环境政策的积极性与有效性会对企业环境行为产生积极影响；陈怡秀（2016）采用问卷调查的方式对 16 个重污染行业进行研究，结果显示政府的环境规制对重污染行业企业实施环境行为有重要影响。②利益相关者态度。随着市场、公众对于环保问题的关注，利益相关者的态度也影响着企业是否采取环境行为的选择。Cordano 等（2010）对管理者与利益相关者有关环境管理的态度进行了评估，结果表明在中小型企业中管理者与利益相关者的态度会直接影响企业实施企业环境行为的程度；陶岚等（2013）研究认为企业利益相关者绿色理念的加强，会促使企业更积极地实施环境管理行为；兰竹虹（2015）认为消费者的价值观对企业环境行为的实施情况起着重要作用。③企业特征。企业性质和企业规模等与企业自身特征相关的因素是影响企业环境行为不可忽视的因素。关劲峤、黄贤金等（2005）研究结果表明私营合资企业在环保投入水平上高于国有集体企业，中型企业的环保投入高于小型企业；赵龙（2015）认为，当具有较成熟的企业规模时，基于长远战略的考虑，该类型企业会制定治理污染的政策；当企业规模较小时，则倾向于相反的选择；王凤（2015）通过构建广义的 WOOD 模型，证实了员工环境行为对企业环境行为存在很大的影响，员工整体环境意识很高的企业会更积极地实施企业环境行为。④经济利益。企业的经济利益往往也会成为推动企业实施企业环境行为的催化剂。企业环境行为虽然增加了企业的环保投入，进而扩大了企业经营成本的范畴和体量，但却可以通过对环保的投入提升企业在公众心中的品牌效应、获得政府环保奖励、享受环保税收减免，从而在某种意义上提升企业经济效益。Segerson（1988）提出潜在的成本节约会刺激企业自愿改善环境行为。陈劲（2002）分析了 55 家企业的数据，证明了环境绩效与财务绩效相互作用的关系，并且证明环境绩效会对经济绩效产生更大的影响。周曙东（2011）结合企业环境行为的研究现状提出制度驱动因素、企业战略驱动因素、企业社会责任驱动因素及组织能力驱动因素四个方面的驱动力，企业环境行为的形成主要通过企业经营决策者的理念、企业声誉的提高和应对企业内外利益相关者的绿色诉求三个因素来驱动形成。

西方有关控制企业环境污染的规范性研究最早源于庇古（Pigou，1920）的福利经济学，它提出了外部性（externality）问题并给出了解决办法。外部性问题导致了私人成本与社会成本的差异，庇古认为应强制（引发外部性问题的）施害者补偿受害者（Coase，1960）。基于污染者支付原则，征收庇古税的目的就是使施害者（污染制造者），承担成本，使污染导致的社会成本内部化（Cropper and Oates，1992）。基于庇古税在解决外部性问题上的有效性，Baumol and Oates（1971）、Baumol 等（1972）众多西方学者支持通过征收庇古税以求减缓企业破坏环境行为的外部性问题。但是，庇古税的有效性很大程度上取决于监管者是否追求公众福利的最大化，如果监管者追求的是自身利益的最大化，庇古税的有效性就会大打折扣。也有学者认为，基于政治、就业等因素，环境管制有可能保护厂商（污染制造者），而不是保护公众福利（Maloney and McCormic,1982）。Hahn（1990）、Antweiler，et al.（2001）基于环境保护主义者、业界、不同类型的消费者等利益相关者对环境立法和环境管制的影响，得出监管者在进行环境立法、选择环境管制工具（环境许可、排污费等）、决定监管严厉程度时，会倾向于担当均衡各方利益的调停角色。Sung Han Tak（2003）则发现，实践中基于政治考量的环境污染税与庇古税有所不同，业界选票、消费者持股、监管者持股、信息不对称等众多因素都会导致监管者采取一种较为宽松的监管方式。近年来，越来越多的学者运用实证研究的方法，从环境信息的披露和资本市场反应之间的关系研究了自发的市场监督效应。Lanoie 等（1998）认为通过向投资者公开发布有关上市公司环境表现的评价信息来增强市场的自发监管，从而对上市公司的污染排放行为起到约束作用。Miles 和 Covin（2000）发现上市公司披露的环境治理信息能够影响公司市值。Dasgupta 等（2006）研究发现，上市公司违反环保监管条例的信息披露后，其市场估值会出现明显下降。Lundgren 和 Olsson（2010）认为欧洲上市公司环保事故信息的披露会给公司市值带来显著损失。Lyon 和 Shimshack（2012）通过给美国前 500 强公司环境信息披露质量打分，结果发现排名在前 100 的公司其随后的股票收益率回报相比后 400 名公司高出 0.6% ~ 1.0%，可见市场会对企业的环境行为做出反应。

　　国内二十世纪七十年代针对企业的环境管制是依据排放水平和技术标准制定规则后通过政策强制执行，没有考虑相关监管成本的要求；二十世纪八十年代，针对少数特定排放物采用末端治理的方式，不仅收效甚微，技术上困难重重，而且治理成本高昂；二十世纪九十年代以来，出现了以市场为驱动的新型环境政策工具，如征收排污税、发放污染许可证等，政府各项环境监管措施和标准更加深入、具体，取得了一定的实施效果。但政府与企业间仍存在着博弈关系，若没有政府管制，该博弈的纳什均衡为所有企业都不治理污染（陈兴荣等，2012）。近年来，我国学者对环境管制的研究主要集中在上市公司环保信息披露及其影响因素的实证分析上。唐小红（2012）研究发现，企业环境信息披露主要来自外部压力，这些压力又可以具体分为两个方面，即来自社会公众的压力和来自利益相关方的压力。郑春美等（2013）以沪市 170 家重度环境污染行业上市公司为样本，对上市公司近 3 年的环境信息披露程度及影响因素进行了实证研究。结果显示，公司规模、公司负债程度和媒体关注度对上市公司环境信息披露有显著影响。沈洪涛等（2014）从经济学的信号传递理论和政治学的合法性理论两个竞争性的视角，验证了企业自愿披露非财务信息的动机，基于对 2008 年至 2010 年重污染行业上市公司的大样本数据检验，发现企业环境表现与环境信息披露之间存在显著的 U 型关系。沈洪涛等（2012）以我国重污染行业上市公司为研究样本，研究发现媒体有关企业环境表现的报道能显著促进企业环境信息披露水平，地方政府对企业环境信息披露的监管能显著提高企业的环境信息披露水平并增强舆论监督的作用。该研究为认识企业环境信息披露的合法性动机以及舆论监督和政府监管对企业环境信息披露的影响提供了证据。

在当前可持续发展理念尚未内化于企业使命的情况下，从企业环境行为的合理性或合法性入手，在运用法律强制规范的同时，充分发挥市场自发监督功能，利用"政府管制+市场监督"的双重机制逐步规范和引导企业的良性环境行为，直到企业能够在经营、管理决策中自觉考虑环境因素和自觉履行环境义务，就成为优化企业环境行为的现实路径。企业是经济发展的微观主体，也是能源消费和污染排放的主要载体，对区域低碳经济发展目标的实现具有举足轻重的作用。本书的研究成果能够进一步丰富企业环境行为、环境会计的相关理论研究以及企业环境管理、环境会计实践，为在京津冀一体化发展过程中提升环境监管的效率和效果提供一定的理论支持，对于实现区域经济的绿色发展、建设社会主义生态文明具有较为现实的指导意义。

全书分为上、中、下三篇。

上篇：京津冀企业环境行为的驱动因素

企业环境行为可以定义为企业面对外部环境压力时，考虑所处环境及自身特点、发展战略等因素所进行的环境管理行为。本篇通过问卷调查的方式获取了京津冀地区的 315 个有效样本，利用因子分析的方法对样本企业的环境行为进行评分，并对京津冀企业环境行为驱动因素进行了回归检验。评分结果显示：分地区来看，河北省的企业环境行为得分较高，说明该地区企业对于自身的环境行为更关注；从企业性质来看，股份制企业和国有或集体企业的环境行为明显好于其他类型企业，说明这两类企业在践行政府生态文明政策方面做得更为突出；规模大、存续时间久的企业表现出了更好的企业环境行为。通过回归分析，得出京津冀企业环境行为的主要驱动因素包括：环境规制、财务状况、企业雇员环保意识和利益相关者态度。其中，环境规制会给企业带来外部压力，促使其改善其环境行为；财务状况更好的企业会更多地关注长远发展，进而选择加强对自身的环境管理；企业雇员具备更高的环保意识会更加利于改善环境行为工作的开展；利益相关者对于环境保护的关注也会在一定程度上对企业环境行为的改善起到积极作用。从数据分析和回归检验的结果来看，优化京津冀企业的环境行为可从三个方面入手：加强政府环境管制以约束企业的环境行为，提升企业环境管理认知使其自觉履行社会责任，利用区域优势推进京津冀环境协同治理。

中篇：京津冀企业环境行为的综合评价

本篇以环境管理学理论、可持续发展理论、经济外部性理论为理论基础，通过梳理与分析国内外学者对于环境绩效、环境行为、环境管理方面的研究成果，根据京津冀地区上市企业面临的环境问题以及三个地区主要产业分布比例的特点和城乡发展不均衡、三地区发展不均衡等地域特点，从环境管理水平、环境守法水平、节能减排情况、社会公众影响四个方面构建京津冀地区上市公司的环境行为评价指标体系，在前人研究的基础上具体设计9个二级指标来构建评价体系，根据指标搜集企业相关的环境信息并进行量化。应用层次分析方法确定评价指标权重，构建京津冀地区上市企业的综合评价模型，计算出得分，总结分析京津冀三个地区企业的环境管理情况。研究发现，三个地区中总分得分最高的为北京地区企业，得分为60.53分，其次为河北地区企业，得分为60.05分，最差的为天津地区企业为54.92分。造成三个地区企业之间得分不同的原因有两点：一是三个地区产业分布的差异；二是政府对三地区企业环境行为的监管力度不同。为此本篇从政府和企业两个角度提出相关政策建议，来提高京津冀企业环境行为水平，让更多的企业自觉进行环境管理，做到经济效益与环境保护协调发展。

下篇：京津冀企业环境行为的市场反应

公众对企业环境行为的关注集中体现在对企业环境事件的市场反应。环境事件是人类经济社会发展过程中发生的与环境相关的事件，包括造成或可能造成环境污染或生态破坏的负面环境事件和主动承担环保责任或被动避免环境问题发生的正面环境事件。环境事件信息发布后，会引起投资者、消费者、政府部门以及社会公众等各利益相关者和资本市场对企业环境行为的关注，从而进一步推动企业树立正确的环境价值观，在生产经营过程中重视环境管理，加大在环境保护和生态建设方面的投入。

本篇收集2014年至2018年京津冀重污染行业上市公司报告的环境事件信息，采用事件研究法，通过计算累计异常收益率和平均异常收益率来考查某个时段内和某个时刻环境事件的市场反应，并引入累计异常收益定额研究环保法规对企业环境行为的推动作用。研究结果表明：企业环境事件的累计平均异常收益率显著，资本市场对企业正面环境事件会产生积极反应，对企业负面环境事件会产生消极反应，但市场的超前反应表明资本市场存在信息泄露或披露滞后的问题；环保法规的制定和出台有助于资本市场对企业环境事件做出反应，通过奖惩机制影响企业的环保成本进而推动企业履行环保责任；相对于正面环境事件，资本市场对负面环境事件没有表现出更为显著的反应。建议政府部门要强化企业环境信息披露制度，不断完善上市公司环境事件信息披露体系，积极建立环保绩效考核制度，加强对资本市场的监管力度，提高市场效率；企业要不断增强环保意识，转变经营理念，积极进行环境管理，重视环境会计核算；同时也要发挥社会大众的力量，强化环保舆论宣传，建立多部门协同监管机制，实现环境信息数据共享。

本书的出版得到了"北方工业大学毓优人才支持计划"的资助。作为项目组成员，北方工业大学会计学硕士研究生张彤、崔晔、李照华参与了项目的研究工作，并分别参与完成了本书上、中、下篇初稿的写作，项目主持人王志亮、课题组成员吴伟容完成了对全书初稿的总纂和审校；北方工业大学经济管理学院会计学专业"环境管理会计研究团队"的全体老师在项目研究、本书的成稿和出版过程中给予了有益的指导和大力支持。在此一并致谢，谢谢你们的辛勤工作，热情关怀和无私帮助！

目 录
CONTENTS

中 篇 京津冀企业环境行为的综合评价

下　篇　京津冀企业环境行为的市场反应

京津冀企业环境行为的驱动因素

提　要

　　本篇通过问卷调查的方式获取了京津冀地区的 315 个有效样本，利用因子分析的方法对样本企业的环境行为进行评分，并对京津冀企业环境行为驱动因素进行了回归检验。评分结果显示：分地区来看，河北省的企业环境行为得分较高，说明该地区企业对于自身的环境行为更为关注；从企业性质来看，股份制企业和国有或集体企业的环境行为明显好于其他类型企业，说明这两个类型的企业在践行政府生态文明政策方面更为突出；规模大、存续时间久的企业表现出了更好的企业环境行为。通过回归分析，得出京津冀企业环境行为的主要驱动因素，也是京津冀企业环境价值观形成过程中的主要影响因素包括：环境规制、财务状况、企业雇员环保意识和利益相关者态度。其中，环境规制会给企业带来外部压力，促使其改善其环境行为；财务状况更好的企业会更多地关注长远发展，进而选择加强对自身的环境管理；企业雇员具备更高的环保意识会更加有利于环境行为工作的开展；利益相关者对于环境保护的关注也会在一定程度上对企业环境行为的改善起到积极的作用。从数据分析和回归检验的结果看，优化京津冀企业的环境行为可从三个方面入手：加强政府环境管制以约束企业的环境行为，提升企业环境管理认知使其自觉履行社会责任，利用区域优势推进京津冀环境协同治理。

绪　论

1.1 研究背景与意义

随着工业化进程不断推进、社会经济飞速发展，环境保护已经成为当今社会的重大现实问题之一。生态环境是经济发展的根本基础，为确保京津冀一体化的有序进行，要切实加强京津冀地区的生态环境建设。然而，环境问题并不是单纯的技术问题，而是复杂多变的社会条件与各方利益冲突相作用后产生的结果。因此，加强对京津冀地区企业环境行为驱动因素的研究可以更好地改善企业环境行为，进一步推进京津冀一体化进程的发展。

1.1.1 研究背景

随着经济的飞速发展，我国的环境问题日益突出，在发展经济的同时，我们赖以生存的自然环境遭到了严重的破坏。我国经济的发展速度愈来愈快，正逐渐缩短与发达国家之间的差距。然而，在着眼于经济发展的同时，环境治理方面却没有做到与之相匹配的提升，导致了一系列环境问题的产生。因此，如何使经济发展与环境保护共同提升成为了企业的一项长远战略。

在改革开放早期，我国着眼于不断提升经济效益，以粗放、高速的模式发展，给生态和环境带来了不小的压力。自 2013 年以来，雾霾天气在我国大部分省市突然爆发，京津冀地区尤为严重，给企业的生产、民众的生活都带来了巨大的威胁与危害。根据环保部的数据，2016 年仅北京地区就发布环境预警 17 次，共分布 36 天，空气质量达标天气比例仅为 54.1%，各区空气中PM2.5 年均浓度均未达到国家标准，也就是说北京地区居民一年中有一个多月的时间都生活在环境污染当中[1]。

二十世纪七十年代，我国的环保事业开始起步，逐步形成了"预防为主，防治结合；谁污染，谁治理；强化环境管理"的三大政策。到二十一世纪初，随着《中华人民共和国清洁生产促进法》《中华人民共和国环境影响评价法》《中华人民共和国水污染防治法》等相关法律法规的陆续出台，我国加强了对环境的保护，环保进程全面推进。近年来，党中央集中力度推进节能减排，提出低碳经济，通过各种手段缓解环境压力。环境问题如今已成为了学术界研究的热点，环境行为作为企业与环境之间的纽带，也成为了学者所关注的焦点。传统的观点认为，强化企业环境行为会增加企业的成本负担，降低企业利润，导致企业的效益下滑，与企业利润最大化的目标相违背。然而，近期的研究却证明，合理、有效的环境行为可以帮助企业规避由于破坏环境带来的罚金，也可以通过生产绿色产品来提升企业的声誉，反而能够在一定程度上提升企业的竞争力。如果可以明确企业环境行为的驱动因素，并对其加以改善和利用，一定会使企业在环境与效益之间实现双赢。

1.1.2 研究意义

京津冀地区的污染问题已经成为我国的热点问题，如何更快、更好地缓解环境压力、改善环境质量已经成为"十三五"规划的一项重要任务。企业作为污染物的主要排放者，对于该地区环境质量的好坏，起着举足轻重的作用。因此，想要提升环境质量、改善环境问题，就要从企业的角度找到促使其实施环境行为的因素，监督提升其环境行为。

理论意义：本篇将京津冀地区的企业环境行为作为研究对象，有针对性地进行调查和研究，弥补了以往对企业环境行为分析较为笼统的不足。通过对该地区的企业环境行为进行分析，并结合经济学、管理学等理论知识，探究影响京津冀地区企业环境行为的驱动因素，对促使企业实施企业环境行为的因素加以强化、对抑制企业实施企业环境行为的因素加以控制，以达到改善京津冀地区环境状况的目的。同时，加强对京津冀地区企业环境行为驱动因素的分析，可以帮助完善该地区企业环境行为评价体系的构建，为进一步

---

[1] 北京市生态环境局：《2016年北京市环境状况公报》发布，http://sthjj.beijing.gov.cn，2017年6月2日。

的研究提供理论参考依据。

现实意义：随着京津冀一体化的持续推进，在疏解北京非首都功能、进行产业结构转型的过程中，环境问题已经成为一个无法回避的重大现实问题。一方面，对京津冀企业环境行为驱动因素的实证检验，有助于企业丰富其企业环境行为，进一步完善环境制度，引导企业实施积极环境行为。另一方面，政府可以依据研究结果制定更具针对性的环境行为监管政策，提高京津冀一体化中环境监管的效率与效果，帮助公众、债权人等利益相关者深入了解企业环境行为实施情况，进行环保评估，从而做出合理决策，对于建设社会主义生态文明具有重要的应用价值。

1.2 研究内容与方法

1.2.1 研究内容

本篇以企业环境行为为研究对象，在对相关的基础理论进行学习和对现有的相关文献进行归纳、梳理的基础上，探究企业环境行为驱动因素，并针对京津冀地区企业进行问卷调查，评价其环境行为实施情况，对企业环境行为驱动因素进行实证分析，提出主要驱动因素。最后针对各地区特点，从企业和政府的角度提出相应改进建议。全文共分为五章，各章主要研究内容如下：

第1章，绪论。本章介绍了本篇论文的研究背景、研究的目的和意义，确定了研究内容与方法，梳理了国内外有关企业环境行为的研究现状并提出本篇的技术路线和可能发现的创新点、可能存在的难点。

第2章，论述企业环境行为基本理论。本章界定了企业环境行为的概念与内涵，阐述了企业环境行为驱动因素研究中所涉及的理论基础。

第3章，介绍京津冀三地区目前企业环境行为现状。本章对三地区目前的环境状况进行梳理，并对当前京津冀地区环境现状、已实施的环境法规政策、企业环境行为披露情况进行分析和总结，为后续调查问卷的编制与分析奠定基础。

第4章，对京津冀地区企业环境行为驱动因素进行实证分析。本章在对前文所述相关理论分析的基础上，提出假设，建立京津冀企业环境行为驱动因素的概念模型。编制京津冀地区企业环境行为驱动因素调查问卷，通过问卷调查得出各地区企业环境行为实施状况，再对问卷进行信度、效度的检验。之后，对调查结果进行相关性分析与回归研究，并对此进行评价，得出影响京津冀企业环境行为的驱动因素。

第5章，研究结论与建议。本章运用对比分析法针对京津冀三地区企业环境行为的驱动因素进行分析，得出影响各地具有特色的驱动因素，并针对三地各自的实际情况与特点提出政策建议。总结本研究的成果，讨论结果的影响及意义并分析研究中的不足之处。

1. 2. 2 研究方法

常用的研究方法通常有规范研究法和实证研究法，本篇采用将两者相结合的方法开展研究。

（1）文献研究法。本篇通过对国内外学者研究的相关文献进行阅读、梳理，分析企业环境行为的驱动力，为后续研究结合京津冀地区特点的企业环境行为驱动因素奠定基础。

（2）对比分析法。通过对京津冀地区企业环境行为实施现状的调查结果进行分析，得出京津冀地区企业环境行为实施现状，分析京、津、冀三地各自的地区特点，对比分析差异与问题，进而得出影响京津冀地区企业实施企业环境行为的驱动因素，据此提出相应的改进建议。

（3）问卷调查法。本研究选取京津冀三地区企业雇员作为调查对象，采取问卷调查的形式获取相关信息。问卷包括了有关企业基本情况、企业环境行为影响因素以及企业环境行为的实施情况等问题，回收后针对问卷结果进行详细的分析。

（4）实证研究法。在对国内外相关文献阅读的基础上，梳理京津冀地区企业环境行为，分析得出京津冀企业环境行为的驱动因素。构建影响京津冀企业环境行为驱动因素的概念模型并进行回归分析，最后根据实证研究结果提出相关政策建议。

1.3 技术路线与创新

1.3.1 技术路线

本篇首先交代了研究背景与意义、研究内容及方法，同时对国内外相关文献进行梳理，提出本篇研究的创新点。其次，对企业环境行为的概念进行界定，并阐述了研究所依据的理论基础。再次，针对京津冀地区的环境行为现状进行介绍，分别从环境背景、法律规制及环境信息披露情况几方面展开。复次，进行京津冀地区企业环境行为驱动因素调查，通过问卷的形式获取相应的样本数据，进而运用统计学方法对提出的假设进行验证，得出京津冀企业环境行为的主要驱动因素。最后，针对实证检验结果分别从政府、企业及区域协同治理的角度提出政策建议。

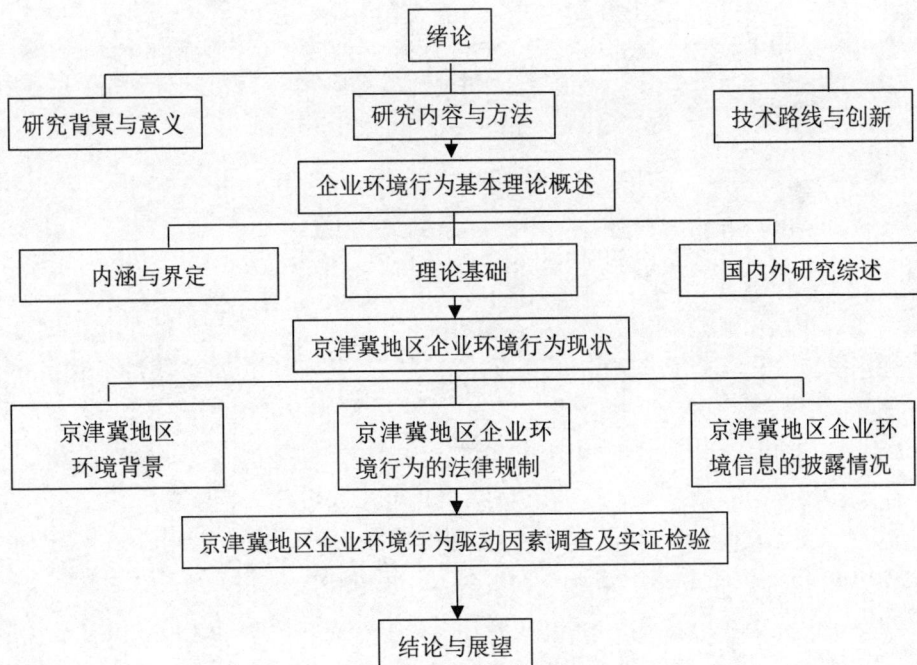

图 1-1　技术路线图

1.3.2 研究创新

（1）对企业环境行为的驱动因素模型进行了新的改进。本篇在现有研究的基础上结合京津冀地区企业的特征，选取环保投资、环保运营等一些可衡量指标进行模型的构建。

（2）研究的针对性强。本篇在对京津冀企业环境行为进行评价的基础上，通过对京津冀地区企业环境行为的驱动因素进行识别和深入分析，结合区域特点有针对性地提出优化京津冀企业环境行为的建议，对于京津冀一体化发展过程中的环境保护、生态文明建设具有现实的指导意义。

第2章

企业环境行为理论基础与文献回顾

2.1 企业环境行为的内涵与界定

改革开放后，我国经济飞速发展并取得了一系列的成就，然而，在快速发展的同时却累积了很多环境问题，成为今后发展的短板，如何在发展经济的同时减少对环境的污染成为了政府部门工作的重心。

二十世纪七十年代初，企业环境行为逐步被大众所关注，不同学者的研究成果，给予了企业环境行为不同的内涵。欧盟委员会曾提出，企业环境行为是企业自愿为社会的环保目标所做的贡献。Hines（1986）认为企业环境行为是在社会责任感的驱动下为了避免产生环境问题而主动实施的行为。[30] Sarkar（2008）提出，企业为维护社会声誉，在经济效益与环保活动中寻找平衡点的行为即企业环境行为。[31]之后，研究成果被不断细化，我国学者王凤、王爱琴（2012）提出，企业环境行为是由企业社会责任逐步细化得来，随着研究的深入而逐步形成的一个独立的研究范畴。[32]周曙东（2013）在"两型社会"的背景下将企业环境行为视为企业为达成经济效益、社会效益和生态效益持续发展所采取的有效管理。[33]

随着研究的不断深入、研究成果的日益丰富，对于企业环境行为的恰当界定，为本篇的研究打下了良好的铺垫。结合国内外学者的相关理论，本人认为企业环境行为可以定义为企业面对外部环境压力时，考虑所处环境及自身特点、发展战略等因素所进行的环境管理行为。根据本篇的研究对象和研究目的，京津冀企业的环境行为仅包括在外部环境压力下，主动采取措施改善环境状况的行为，而不包括面对压力不做任何反应，甚至通过非法手段逃避检查或排放污染物等行为。

2.2 企业环境行为的理论基础

2.2.1 利益相关者理论

1984年，弗里曼提出的利益相关者理论中提出了与传统股东至上主义不同的观点，他认为，企业经营的目的是平衡各利益相关者的权益，以实现利益相关者的整体利益，并非单纯考虑传统观点中的个别主体利益。Wheeler（1998）根据某一群体是否具备社会性以及该群体与企业的关系是否由真实人来控制将利益相关者分为以下四类：第一类是具有社会性并直接参与的主要的社会性利益相关者；第二类是相对弱重要的社会利益相关者，包括参与社会活动的一类组织，如政府、社会组织等；第三类是不作用在具体人身上的主要的非社会利益相关者，他们会对企业产生直接的影响，比如自然环境；最后一种是弱重要非社会利益相关者，与企业并没有直接的联系，如环境压力集团，动物利益集团等。[34]随着利益相关者理论的逐步发展，其基本观点主要分为以下两点：第一，企业的利益相关者不再局限于股东的单独主体，同时也包括员工、投资者、供应商、政府、公众乃至自然环境等主体，他们都直接或间接地与企业存在着相关性；第二，企业只有同时保证所有利益相关者的利益，才能够让企业维持在更稳定、更快速的发展状态，这就要求企业在制定战略时将实现利益相关者们的利益考虑在其中。

传统观点认为，企业唯一的目标是追求企业利润最大化，而在利益相关者理论的思想下，企业在实现经济利润的同时还要兼顾其他社会责任，如本篇所研究的社会环境责任。随着环保理念的深入人心，投资者、供应商和消费者在商品价格处于同一水平时都会倾向于选择"绿色"产品。赵领娣、巩天雷（2003）在探究企业环境战略的制约因素时提出外部规制因素、市场因素及企业内部因素。在控制内部因素时，作者认为要做到均衡相关者利益，在环保压力下兼顾经济效益与环境效益。[35]彭海珍（2007）阐述了三重"许可证制度"的作用机理，她认为管制许可证、经济许可证及社会许可证分别可以满足执法人员、市场行为人及社会的需求，从而达到改善企业绿色行为的目的。[36]基于利益相关者理论，在实现利润的同时考虑到市场中利益相关者的需求，可以更全面地分析京津冀地区的企业环境行为驱动因素，为进行环境管理奠定基础。

2.2.2 环境经济学理论

作为环境学和经济学的交叉学科，环境经济学主要研究了人类和环境之间进行的物质交换所产生的经济学影响，包括合理估算环境污染所形成的损失、加强环境投入所带来的收益以及如何制定对污染者的处罚等。在环境科学中引入了经济学理念，在解决污染治理问题时充分体现了环境的价值，从而找到了解决环境问题的有效手段。

二十世纪五十至六十年代，随着人口、经济、资源等多方外界压力逐步增大，引发了整个社会对于生态环境的讨论。1987 年，联合国世界与环境发展委员会发表的《我们共同的未来》报告中，正式提出可持续发展概念，并对此进行了详细的阐述，认为在当代生存发展得到满足的同时，不能对后代人未来的需求构成威胁。起初，人类人口基数小、资源需求量小、产生的废物少，水资源等可以满足人类的生存发展需求，人类缺乏对于环境及资源的保护意识。随着社会的发展，人口基数暴增，水、土地等资源短缺，垃圾堆积如山，生态系统遭到不可逆转的破坏，人类逐渐意识到了自然环境与自身发展密不可分的关系。过去的发展更多的是单方面的向大自然进行索取，滥用资源、恣意破坏环境，超出大自然可以承受的负荷，造成不可回转的影响。传统发展模式面临着严峻的挑战，调整发展模式、恢复生态补偿能力刻不容缓。环境治理一方面要节约资源的利用，另一方面要对破坏生态环境的行为进行处罚、惩治，以达到对全社会的威慑作用。除保护环境外，环境经济学也提出通过经济学手段对环境行为进行管理。在环境治理中，利用税收、信贷等经济手段，诸如征收资源税、排污费等，对过度开采资源、造成环境污染的企业进行经济处罚；发放财政补贴、提供绿色贷款等，给积极响应政府政策号召进行环境管理的企业提供奖励。

环境经济学理论将企业视为理性的组织，认为其会在奖惩中平衡成本与利益，最终做出最有利于企业的决策。因此，在研究企业环境行为驱动因素时，环境经济学理论更多关注了可以影响企业实施环境行为的经济因素与政策规制。Gray 与 Shadbegian（2005）认为政府规制、检查及处罚等是驱动企业实施环境行为的主要动力。[37]Frondel 等（2007）通过对 7 国近 4000 家企业进行调研发现，税收优惠会促进企业进行生产技术上的绿色创新。[38]环境经济学理论受威慑理论的影响，将企业环境行为界定为企业被动接受的行为结果，而忽略了企业的能动性，这也成为之后学者研究的关注点。

2.2.3 新制度主义理论

经济学家道格拉斯·诺斯在二十世纪七十年代创立了新制度主义理论，他将制度引入了经济学的研究当中，强调了制度在政治、社会、个体等研究中发挥的重要作用。马奇和奥尔森（1984）在《新制度主义：政治生活中的组织因素》中提出，受行为主义的影响而被忽视的组织的作用逐渐被认可，组织和法律制度慢慢变成了生活、工作的主导。随着学者的进一步研究，新制度主义理论体系不断丰富，进而将新制度主义理论分为社会学制度主义、历史制度主义和规范制度主义等。社会学制度主义除了正式的程序和规则外，道德、认知乃至文化都属于制度的范畴，并通过与个体的某种实践关系影响着个体。历史制度主义更看中历史对现在的影响，他们认为过去的选择会影响着未来的发展方向。理性选择制度主义起源于美国国会制度，它通过对个人单元进行分析，来达到个体最大回报的效果。不同于理性选择制度主义，规范制度主义并非以回报的多少为主要分析内容，而是以计算恰当行为的多少来衡量人的行为。四种流派相互影响，逐步扩展了研究范围，共同组成了新制度主义理论体系。

制度主义理论解释了制度是如何影响人的行为的。在该理论框架中，制度被视为是约束个人行为的一系列规则与规范。制度被制定出来后，旨在通过其程序与规范来约束个人的利益最大化行为。同时，制度肯定了人类社会中相互影响的关系，承认了经济社会中的竞争与合作。Sue E. S. Crawford 和 Elior Ostrom（1995）概括了制度的三种内涵：均衡、规范与规则。他们认为，制度是个人在理性状态下依据其偏好做出的趋于稳定的选择，并在是否适宜具有共同认知的基础上，建立了良性互动，并且，如果违背了制度，则会因此而降低组织的工作效率，乃至受到处罚。[39]

制度主义理论同样在企业环境管理中有着深远的影响，制度主义理论阐述了制度环境对企业行为的影响结果。当企业中管理者或员工认可企业制度并乐于遵守，就会对组织产生趋同效果，进而导致企业整体逐步对企业环境行为进行管理。社会、市场都会对企业产生制度上的影响，这也导致企业环境行为差异成为重要的研究领域。郭毅等（2006）认为，由于受到制度环境的规制，组织会倾向选择被成员所认可的行为，尽管该行为不一定会促进组织提高内部运作效率。[40]Qi 等（2012）在对环境认证体系进行研究时发现，虽然该类环保认证体系并不能直接确保企业进行良好的环境行为，但是却可以为企业树立良好的环境观念，从而对企业实施环境行为产生积极的影响。[41]新制度主义理论的传播与发展，帮助分析了企业环境行为的驱动因素，为企业环境行为的研究奠定了理论基础。

2.2.4 组织与管理理论

作为管理学的核心理论，组织与管理理论揭示了事物演变的内在规律。组织与管理旨在通过对组织建立架构，确定职位与权责关系，以求共同实现组织的目标。在研究企业环境行为时发现，部分企业即便是在会影响企业利润的情况下，依旧采取良好的环境管理行为，而另一部分企业则会冒着被处罚的危险不配合环境规制的实施。在组织与管理理论背景下针对企业环境行为的研究主要为资源基础理论与计划-行为理论。

（1）资源基础理论

资源基础理论认为企业的资源有无形与有形之分，具有不可复制性，但都可以逐渐转化为企业的实力并维持企业的持久经营。在资源论的视角下，企业被视为资源的集合体，资源的差异构成了企业间的优势与竞争力。因此，如何决策企业资源的用途成为了企业经营决策的重中之重。

资源基础理论主要包括了以下三方面的内容：第一，具有特异性的资源是企业竞争优势的源头。该理论认为，任何资源都有其特定的用途，而资金是用途最广的资源。企业进行经营决策就是决定所拥有的资源的用途，且在决策后无法逆转。所以，企业之前进行的决策会对下一步的决策造成影响，并随着资源的开发而逐步降低了企业的灵活性。若企业将资金投入到某一特定行业及领域，在今后的生产中仅能继续延续该方向。但因企业对资源的利用，却可能提高企业对资源的利用率，进而帮助企业提高利润。第二，资源的不可模仿性保证了企业在竞争中更具持续性。特殊资源会让企业在竞争中处于优势，并带来一定的租金，为了获取更高的经济利益其他企业就会相继学习并进行模仿，以致租金降低。然而，市场环境的多变性使得模仿者并不能清晰地辨别出导致经济效益的因果关系，同时模仿过程中的时间和资金成本也限制了其他企业的模仿动力。第三，针对特殊资源的取得与管理。企业可以通过对组织进行培训学习，不断地获取新知识来提高企业的竞争力。Hart（1995）认为企业必须要兼顾内外资源的发展，且互补性资源才是企业环境能力的主要方面。[42]

（2）计划-行为理论

计划行为理论为我们揭示了人是如何对自己的行为模式做出改变。该理论认为实际行动是由行为意向直接控制的，行为态度以及主观规范会对行为造成直接的影响。其中，行为意向是指在实施特定行为前的行为倾向，在作出决定的过程中产生针对于是否采取该行为的表达；行为态度代表了行为人有关特定对象的某种喜好立场，也就是其对于该对象的正负评价，可通过信念与立场两方面诠释；主观规范代表个体在实施某一行为时面对社会压力所产生的感知；知觉行为控制指在个体采取行为后自己所感受的可控程度。各项目通过相互作用，进而最终影响个人的实际行为，具体模型见图2-1。

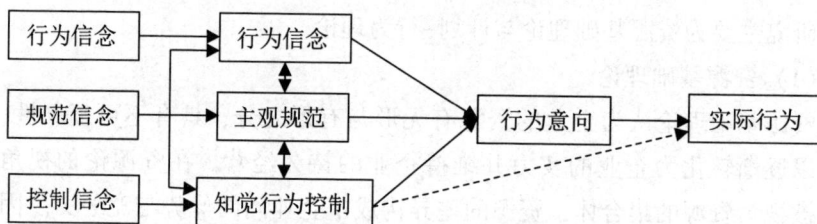

图2-1　计划-行为理论模型

管理者对企业的资源进行决策，并决定着企业的发展，因此，管理者的个人背景及价值观等最终会对企业行为造成一定影响。Papagiannakis 等（2012）通过对 142 家企业高层管理者进行调查，发现其价值观会间接影响企业采取环境行为的态度，并且，管理者对于环境事务的解决能力关系着该企业的环保实践程度。[43]

2.3 国内外文献研究综述

2.3.1 国外研究综述

二十世纪七十年代，随着经济的迅猛发展，自然环境逐步遭到破坏，西方国家开始了环境会计领域的研究，伦敦烟雾事件、日本"骨痛病"事件、莱茵河污染事件等环境灾难的爆发也将公众的焦点更多地转向企业。在造成如此大规模的环境污染事件后，相关企业虽然付出了巨额的赔偿，但却给环境造成了不可逆转的破坏、给民众的健康带来了不可避免的危害，与此同时，如何在企业与环境的博弈中找到平衡点，也成为了值得深思的问题。企业环境行为的思想源于企业社会责任，是随着研究的不断深入而逐渐形成的研究领域。在二十世纪六十年代西方的环境保护运动中，企业环境行为的概念逐渐被提出，认为企业在实现利益的同时需要承担一定的社会责任。欧盟委员会指出企业环境行为是企业为了社会和环境而承担的责任。虽然，国际上尚未对其定义达成共识，但其核心思想是趋于一致的，即企业为承担环境责任而付出的努力。

（1）企业环境行为的理论模型

Carroll 金字塔模型和 Wood 模型被学者广泛应用于企业环境行为的研究之中，并极具代表性。1991 年 Carroll 提出金字塔模型，该模型将社会责任分为四个层次，由下至上分别是经济责任、法律责任、伦理责任和慈善责任。在经济利益和法律责任的约束下，企业不得不遵守环境责任，这是大多数企业实施环境行为的动因。[1]随着社会的进步，道德因素也会不断地诱导企业主动实施环境保护行为，而处于最顶端的慈善责任则是社会期待企业追求的最高境界。模型中的各个层级间交互影响、相互作用。随后，Schwartz 和 Carroll（2003）又对现有的金字塔模型进行了完善，提出了更为完善的三维韦恩模型。他引入了伦理维度，认为在广泛认知的社会责任维度中加入了对于伦理的考虑，丰富了研究理论认知。[2]从直接和间接的角度，对企业有经济利益的活动属于经济维度，对法律要求所做出的反应属于法律维度，利益相关者或公众所希望企业承担的道德责任属于伦理维度。然而，企业的行为往往是多重因素驱动的结果，其影响变量并不能单纯地界定为某一维度因素，因此该模型在实际应用中难以清晰地区分究竟属于哪一维度。

另一具有代表性的模型为 Wood 模型（1991），其基于开放的生态系统，是一个综合管理学、经济学和哲学等多学科的模型，即根据投入产出过程而提出企业环境行为的三维度：将责任原则定义为投入变量，社会赞同定义为过程变量，产出变量则由最终结果来衡量。[3] 责任原则由法律原则、企业公民责任、管理谨慎构成。在社会参与中将法律视作企业的武器，且因所有员工都是企业道德的代表，所以他们有责任小心谨慎地进行决策。社会赞同维度指股东和环境管理的过程。从经营环境角度对企业进行评价，并积极维护企业与股东间的关系，对一些社会问题进行分析、评价。产出维度体现了企业过去行为所产生的影响，企业的行为也是社会和股东等作用的结果。Wood 将企业环境行为界定为在社会责任的制约下，社会所赞同的且影响社会关系的产出。他认为，这实质上是在敦促企业多实施"好行为"。

（2）企业环境行为影响因素

国外发达国家自二十世纪八十年代便开始了对企业环境行为意识的研究，分析其影响因素。在社会环境中，企业的行为受多方面因素的影响与制约，如何根据内外部的驱动因素来选择其环境行为是企业环境行为研究中的核心部分。

企业作为追求经济利益的实体，最初的企业环境行为的实施主要靠外部压力的推动。政府对于企业的监管与规制在很大程度上影响企业实施环境行为，企业违反相关制度、超出环境标准排放废气物会在相应程度上受到政府的处罚与制裁，经济利益与企业发展受到阻碍。因此，企业为了避免遭到政府的处罚，势必会改善其环境行为，更多地采取绿色措施。Earnhart（2004）以污水处理厂为对象，研究了企业对于政府监管与处罚的反应；[4] Parker（2009）研究了澳大利亚大型企业的企业环境行为，提出企业环境行为受到政府规制中部分因素的影响；[5] 同时，市场压力也在一定程度上制约着企业环境行为的实施。随着公众环保意识的普遍提高，越来越多的消费者倾向于购买那些有绿色声誉企业的产品，在同等价位水平下，具有好的企业环境行为的企业往往更容易占得市场优势。Stalley（2009）认为在经济全球化的大背景下，发展中国家的企业会参照 ISO14000 国际环境标准体系进行企业环境行为管理，避免由于环境标准的落后而使企业在市场中受到不利影响；从投资者角度考虑，如果企业在环境管理中没有采取积极措施，就可能在市场中失去优势地位，对于投资者而言，就意味着较大的投资风险，投资者通常会对投资此类企业产生较大的顾虑，导致企业往往较难获取足够的资金支持。[6] Scholtens（2006）认为具有良好企业环境行为可以降低由环境带来的风险，更容易取得贷款与保险；[7]Khanna（1998）认为环境绩效的好坏和公司股市反应成反向影响；[8]Takeda（2009）对1998年至2005年日本制造业企业的股价与环境管理等级的关系进行研究，发现股价会随着环境信息发布而波动剧烈。[9]

随着社会整体环保意识的提升，企业对于环保的态度由消极被动型转为积极主动型，企业自身的一些因素也促使企业主动实施环境行为。企业的一些最基本的特征会影响企业是否实施环境行为，如企业规模、财务状况、行业属性、企业性质等。企业规模是企业最基本的特点，普遍来说，学者更倾向于认为规模越大的企业会更主动实施企业环境行为。Hayami（1984）提出影响企业环境行为的一个重要因素就是企业规模，企业规模越大，能够在生产中进行环境管理的可能性就越大；[10]Stanojevic、Vranes和Goekalp（2010）发现小型企业更偏向于将资金用在业务和人才方面，并没有额外的资金用来加强环保设备的投入；[11]Blanco（2009）对以往的文献进行梳理，认为财务绩效好的公司会更加主动地实施企业环境行为；[12]Theyel（2000）通过实证分析发现产业特征也是影响企业环境行为的因素之一，成熟产业的企业更倾向于积极开展环境管理行为，这类企业认为改善环境绩效更利于其获得竞争优势；企业管理层和员工的环保意识同样对企业环境行为起着重要影响。[13]Cordano、Hanson和Frieze（2000）肯定了高级管理者在管理企业环境行为中发挥的决定性作用，高管在面临公司整体外部环境压力时所表现出的选择倾向会决定公司的环境行为，认为增加企业的环境投入会带来更高回报的高管所控制的企业更倾向于主动实施环境行为。[14]Branzei（2004）通过建立概念模型来分析企业管理者的环境认知与环境行为之间的联系。[15]

2.3.2 国内研究综述

国外针对企业环境行为的研究早于国内，然而随着近年来研究的逐步深入，相关研究成果也在不断丰富。有关企业环境行为的研究主要集中在企业环境行为影响因素、企业环境行为与企业绩效和企业环境行为评价三个方面。

（1）企业环境行为影响因素

随着社会的发展，企业逐渐意识到承担社会责任的重要性，不再是单纯的追逐经济利益的单位。企业加强环境管理一方面可以树立更好的企业形象，在推崇"绿色产品"的市场中占据更大的市场份额，同时也会协调企业与政府之间的关系，获得更多的政策优惠，建立良好的政企合作模式。那么，何种因素会促使企业实施环境行为便成为众多学者关注的研究方向。

部分学者对企业环境行为的影响因素展开了实证研究，如周曙东（2011）在对湖南省300家制造业企业进行问卷调查后发现制度与企业战略驱动因素及社会责任会对环境友好行为产生正向影响，这就要求企业将绿色环保概念融入到企业制度与战略当中。[16]陈兴荣等（2014）运用我国30个省市的数据验证企业环境行为函数的合理性，结果表明东南沿海地区的企业环境行为情况好于内陆地区，东部地区的环境规制程度强于西部地区，表现出了更强的推动企业环境行为的作用。并且，在京沪等特大城市中，居民消费偏好表现出显著于其他地区的环境行为推动作用。[17]重污染企业是造成环境问题的主要实施者，陈怡秀、胡元林（2016）选取钢铁、冶金等重污染企业探究该类企业环境行为的影响因素。经过实证分析，环境规制、治理结构、市场结构、管理层认知及财务状况都会对企业环境行为产生显著影响。为了能够改善现有环境行为，政府应当提升环境标准、提高环境准入门槛，同时改变经济结构、增强市场竞争氛围。作为重污染行业的企业，也应当针对自身问题制定相应的环保战略，积极承担社会责任，增加对环保设施及污染治理的投入，在行业发展中力争领先。[18]王凤、程志华（2015）提出员工环保意识也是影响企业环境行为的一项重要因素。她通过对陕西省60家能源类企业的问卷调查结果进行统计后发现，在能源类企业稳定工作的员工会具备更高的环保意识，在日常工作中更为注重生产安全与个人健康。消费者对绿色产品的需求越来越高，这就促使了企业会提升自身的环保投入，更好地满足消费者的需求。[19]

部分学者基于一些特定视角对企业环境行为展开了研究。张劲松（2008）从资源约束的视角，分析了企业环境行为及其对策。他提到，在资源约束论的大背景下，企业已经由"消耗型"转为"节约型"，固有的生产模式已经发生了改变，这就要求企业在公司战略及生产设备、技术等方面及时跟进。推动企业进行升级改造的动力一方面来自于政府及市场的规制，更主要的方面来自于企业的社会责任感及战略规划——将持续发展作为公司的目标。制度主义理论揭示了驱动组织行为的本质力量，在制度主义理论的背景下，企业增加对于环保的资金投入是为了提升企业的社会认同感而非提升工作效率。[20]陶岚、郭锐（2013）在对制度合法性研究的基础上，从合法性的角度讨论了对企业行为的影响。她认为在强、弱意义的概念上，均是通过利益相关者对于企业环境行为的认知，进而影响企业行为，企业通过法律、市场、利益相关者和活动家四种方式对合法性机制做出响应。[21]邹伟进等（2014）试图通过委托-代理理论解释企业环境行为，经过实证检验，企业的努力水平与外部环境激励及实施环保行为的成本相关，推进企业绿色化生产虽然会增加企业的成本，但会在整体层面提升企业的社会竞争力。对于政府而言，要在设立环保标准的基础上对企业进行奖惩，增加对企业的监督管理，督促企业承担环境责任。[22]

（2）企业环境行为与企业绩效

在传统思想中，加强对环保设施的投资、采用更多的环保材料就必然会增加企业的生产成本，进而影响企业的利润。由于企业追求利润最大化，环保投资势必会影响企业的发展，企业不会有加强环境管理的自主动力。但是基于可持续发展的思想，企业实施环境行为会为企业带来进一步的价值增值，从而最终提升企业绩效。

李朝芳（2015）认为企业环境行为对于企业来说是具有增值效应的，在价值形成过程中共分为三个阶段：其一是在实施环境行为后在市场中获得了产品优势，在同类企业的竞争中占据了更多的市场，获得了经济利益；其二是将企业环境行为的信息传递给外界；其三是企业将其环境行为进行披露后，在社会及大众心理中产生的认同感与信任度。经由上述三个阶段，企业为环境行为所承担的成本将会转化为企业绩效，为企业带来未来的经济效益。[23]姚圣（2010）通过对2004年至2005年"环境友好企业"进行实证研究后发现，环境会计控制和企业环境的业绩成正向相关。他认为，良好的环境会计控制为政府和企业搭建了一个关联纽带，当企业积极实施良好的环境控制时，会因此而获得政府给予的政策奖励及税收优惠，最终提升环境业绩。[24]企业可以通过建立完善的环境会计体系来维系企业与政府之间的良性发展关系。在环境会计领域的发展中，如何理解并接受环境成本是企业决策中需要考虑的一个重要出发点。通常分为两种观点，一是基于事后处理原则的"全成本法"，另一种是推崇建立环境责任中心，将事后处理转为事前规划。杨家亲

（2005）在环境投资抉择的研究中认同"事前规划法"的处理办法，她认为这种方法可以在控制成本与故障成本中找到最优的均衡点。要求企业从整体的角度出发设立环境责任中心，促使各部门在日常经营过程中将环境成本加入到考核与规划范围内，在投资决策过程中做出更有利于企业未来发展与效益的选择。[25]秦颖等（2004）认为企业行为和环境绩效存在一定的关联，她通过将金属制造业的五个代表性公司作为样本，采用半封闭式问卷与访谈相结合的方式调研，在访谈中分别对公司的战略及企业环境行为与业绩进行了了解。研究发现，改善企业环境行为和环境绩效的提升之间有着正相关性，如减少企业的污染排放行为对企业的环境影响有着明显的作用。[26]

（3）企业环境行为评价

企业环境行为是一个复杂的概念，其特性就决定了想要设计出一个完全涵盖所有考量指标的模型是十分困难的。通常，对于企业环境行为的评价使用多元分类量标，最频繁使用的是社会责任报告和环境报告，通过上述报告所披露的信息对企业进行评价。但是想要对企业的环境行为进行更好的监管与指引，就势必要建立一套科学合理的评价体系，能够客观地评价企业的行为等级，提升整个社会的环境治理效果。

贺震、倪艳玲（2010）对江苏省绿色信贷情况进行了分析，认为企业环境行为评价不是最终目的。江苏省将评价结果与信贷相结合，督促企业对其行为加强绿色管理，还相继出台了一系列落实绿色金融的政策文件，为企业环境行为评价的顺利开展提供了保障。[27]周英男、李振华（2014）借助层次分析法建立上市公司企业环境行为评价模型。在构建的过程中，在现有评价体系基础上增加了对环境守法水平的考虑，并将其作为一项独立的评价项目。随后该作者选取宝钢集团作为进行检验评价模型，得出宝钢集团 EB 得分为87.3 分，与 2012 年宝钢集团环境行为"蓝色"等级相一致，初步验证了模型的有效性。[28]罗文兵等（2013）在对现有国内外文献进行梳理的基础上，认为我国应借鉴西方先进的环境管理思想，建立长效的环境等级评价制度，进而从战略、计划和绩效三方面提出重污染行业环境经营评价制度，从评价标准的细节方面进行了量化。[29]

京津冀企业环境行为现状

3.1 京津冀区域环境背景

京津冀地区隶属首都经济圈，三地紧密相邻。随着近年来经济的飞速发展，三地的环境状况相互制约着各自的发展。京津冀地区环境协同治理是解决环境问题的重要手段，想要落实好环境协同治理，就需要对其各自的环境背景有深度的了解，提出针对性的解决办法，进一步增强环境协同治理效果。相关指标[1]如下：

(1) 人口及经济情况。截至 2016 年年末，京津冀地区常住人口分别为 2173 万、1562 万和 7470 万人，城镇人口与乡村人口比例分别为 6.4、4.9 和 1.1。北京地区 GDP2.6 万亿元、天津地区 GDP1.7 万亿元、河北地区 GDP3.2 万亿元。

(2) 产业分布情况。2016 年北京市一、二、三产业比重为 0.5∶19.3∶80.2，天津市一、二、三产业比重为 1.2∶42.3∶56.4，河北省一、二、三产业比重为 10.9∶47.6∶41.5。京津冀三地较上年相比第一产业比例均有所下降，第三产业的发展势头良好。

(3) 森林覆盖情况。根据国土资源部数据，2016 年北京地区森林面积 58.81 万公顷，森林覆盖率 35.8%；河北地区森林面积 439.33 万公顷，森林覆盖率 23.4%；天津地区森林面积 11.16 万公顷，森林覆盖率 9.9%，远低于我国平均森林覆盖率 21.6%。

---

〔1〕 数据来源：中华人民共和国国家统计局网站：http://data.stats.gov.cn，最后访问日期：2017 年 10 月 31 日。

（4）水资源情况。2016 年末，北京地区水资源总量 35.1 亿立方米，其中地表水 14 亿立方米，人均水资源 161.6 立方米；天津地区水资源总量 18.9 亿立方米，其中地表水 14 亿立方米，人均水资源 121.6 立方米；河北省水资源总量 208.3 亿立方米，其中地表水 106 亿立方米，人均水资源 279.69 立方米，相较其他两地区更为充足。

（5）主要污染物情况。2016 年北京地区共排放 166 419.28 万吨废水，产生 872.6 万吨生活垃圾清运量，大气污染物中，二氧化硫、氮氧化物、烟（粉尘）排放量分别为 3.3 万吨、9.6 万吨、3.5 万吨；天津地区共排放 91 534.42万吨废水，产生 269 万吨生活垃圾清运量，大气污染物中，二氧化硫、氮氧化物、烟（粉尘）排放量分别为 7.1 万吨、14.5 万吨、7.8 万吨；河北省共排放 288 794.55 万吨废水，产生 725.2 万吨生活垃圾清运量，大气污染物中，二氧化硫、氮氧化物、烟（粉尘）排放量分别为 7.8 万吨、11.2 万吨、12.6 万吨。

（6）能源消耗情况。2015 年，北京地区共消耗煤炭 1165 万吨，单位生产总值能耗同比下降 6.2%；天津地区共消耗煤炭 4539 万吨，单位生产总值能耗同比下降 7.2%；河北地区共消耗煤炭 28 943 万吨，单位生产总值能耗同比下降 6.1%。

京津冀地区作为经济中心，发展受到整个社会的关注。随着近年来超负荷的发展，环境问题成为阻碍京津冀地区发展的巨大困扰，资源、环境、发展成为了互相制约的因素。只有尽快解决了京津冀地区所面临的资源、环境问题，才能更好地推进京津冀协同发展战略。

（1）大气污染问题。空气是人们赖以生存的重要环境指标，近年来雾霾天气频繁爆发，大气污染问题成为社会关注的热点问题。2016 年三省市空气质量达标天数比例平均不足 1/2。北京地区人口密度大，汽车使用量多，机动车尾气排放产生的氮氧化物含量高，尾气中夹杂的可吸入颗粒物也给人们带来了很多的疾病。一些地区依旧使用燃煤的方式进行取暖，焚烧后产生大量的二氧化硫等污染物，造成酸雨及雾霾等污染天气。

（2）水污染问题。使用传统农业生产方式的河北省，在灌溉时水资源存在大量的浪费。与此同时，制造业的密集分布也导致河北省的水体污染更为严重。工业污水含有许多重金属，如果未经有效的处理而直接排放到海洋、河流当中，便会对其他水源、土地造成污染，进一步扩大对生态的破坏。

（3）生态系统破坏问题。随着城市化进程速度加快，近十年来京津冀地区大量植被地域改为建设用地，农田、森林等面积逐步减少，此现象在北京、天津两地表现尤为突出。大量的绿地被占用，降低了生态系统的稳定性，在面对暴雨、干旱等恶劣的自然天气时防御能力降低，极易造成自然灾害。

3.2 京津冀企业环境行为的法律规制

十八大报告首次提出将"美丽中国"的建设作为未来发展的重要目标，在经济建设的同时要注重生态文明的保护，以达到持续发展的目标。作为涵盖首都的经济圈，习总书记对京津冀发展提出了明确的要求：一方面利用各方的优势、互利互补，合理利用区域一体化的优势建设基础设施；另一方面在各个领域强化环保合作，着力扩大环境容量。党中央将京津冀协同发展纳入重大国家战略并提出要在生态环境保护领域率先取得突破。

随着京津冀一体化的进程加速推进，环境治理一体化的观念也应运而生。环境治理离不开相应的法律约束，为了能够更好地督促企业对其环境行为进行管理，就必须有相应的规章政策作为支撑。

3.2.1 北京市

自 2012 年以来，北京市陆续出台了 33 项地方环境保护标准，如《水污染物综合排放标准》《木制家具制造业大气污染排放标准》等涵盖了制造业、建筑业、生活等方方面面，足以体现出近年来环保部门对于环境保护的重视程度。

2012 年，北京市出台了《2012-2020 年大气污染治理措施》（以下简称《措施》）。《措施》中提出，到 2015 年，空气中主要污染物年均浓度比 2010 年下降 15%，到 2020 年下降 30%，在 2020 年后早日达到国家空气质量新标准。为了实现大气污染防治，《措施》中提到要完善环境监测体系，落实污染防治责任；积极发展绿色交通，减少机动车带来的空气污染；改变现有能源结构，推广使用清洁能源；调整产业结构，严控工业污染等。2013 年《大气污染防治行动计划》开始执行，同年 9 月多部门联合印发《京津冀及周边地区落实大气污染防治行动计划实施细则》（以下简称《细则》）。《细则》中提出，力争在五年内改善京津冀地区空气质量，并在未来慢慢消除污染。为更好地推进首都的生态文明建设，北京市人民政府于2014年设立了"首都环境保护奖"，旨在表彰环境保护工作中的典型模范，调动社会的积极性，推进新时期环保工作，促进首都环保事业的新发展。2016年印发了《北京市"十三五"时期环境保护和生态建设规划》（以下简称《规划》），《规划》中提出北京市将围绕首都城市战略定位和京津冀协同发展战略，全面推进环境污染防治。

3.2.2 天津市

在"十三五"时期，天津市出台了《天津市"十三五"生态环境保护规划》，该规划是指导天津市建设生态文明工程的重要文件。规划中指出，目前所处时期是生态保护工作攻坚克难的关键时期，面对全社会改善生态环境的呼声，应进一步加强对于环境质量的监管。天津市设立了"十三五"生态保护的主要指标，该指标涵盖了生态环境质量、生态保护修复和农村环境保护等方面，并规划了在2020年要达到的预期目标。

在法制建设方面，天津市自2001年来陆续出台了大气污染、水污染等相关的地方法律法规，如《天津市环境保护条例》《天津市大气污染防治条例》《天津市水污染防治条例》等，对环境保护和生态防治等方面的行为进行了相应的约束，并对违反规章制度的行为明确了相应的法律责任。2015年6月，天津市人民政府修订了《建设项目环境保护管理办法》，全面推行建设项目环境影响评价制度。2016年7月天津市通过《天津市湿地保护条例》，针对利用湿地所从事的行为进行了规范，严禁进行捕猎野生动物、挖沙取土和倾倒垃圾等破坏生态的行为。同时要求行政主管部门健全相应的保护机制，及时采取救护措施。

3.2.3 河北省

河北省作为制造业分布密集的省份，环保事业面临着很大的压力，为了规范行业的经营行为，出台了一系列文件，如《钢铁工业大气污染物排放标准》《燃煤锅炉氮氧化物排放标准》《水泥工业大气污染物排放标准》和《工业企业挥发性有机物排放控制标准》等。

2011年河北省发布了有关排污权交易的相关管理政策，允许通过正规机构对合法的许可排放量进行公开买卖。2013 年，河北省印发《河北省大气污染防治行动计划实施方案》，采取 50 条措施，加强大气污染综合治理，改善全省环境空气质量，确定了加大工业企业治理力度、调整能源结构等 8 项重点工作。同年，河北省制发《河北省治理淘汰黄标车工作方案》和《全省治理淘汰黄标公交车工作方案》等文件。2014 年河北省发布了《河北省环境保护公众参与条例》，鼓励民众参与环保活动、维护自身环境权益、依法参与环境决策和法规实施等。2016 年河北省发布《河北省乡村环境保护和治理条例》，在乡村环境中坚持"政府主导、公众参与、预防为主、因地制宜、保护和治理并重"的原则，对田园清洁、水源清洁及生活区域清洁均做出了明确的行为规范。

3.3 京津冀地区企业环境信息的披露状况

企业环境行为的好坏一方面可以通过其是否遵守相关法律、符合相应标准来判断，另一方面还可以通过企业对于其环境信息披露态度是否积极，内容是否丰富来判断。现有研究通常将企业环境信息分为以下三方面，一是企业所拥有的环境资源，即环境因素；二是企业在生产活动中所产生的环境影响以及因此发生的相关费用；三是由于环境的不可控性而造成的一些意外影响，如因自然灾害等导致的环境影响。在披露环境信息的时候，企业一般通过定量与定性相结合的方式进行。在披露排污费时，企业通常选择列明具体的金额，这样可以让报告的阅读者直观地感受到企业对环境的投入。然而一些环境信息并不能被量化为确定的数字，这时企业会运用文字表述恰当地阐述其环境成果。无论是上述的哪种方法，只要使用得当，都可以向信息使用者传达企业相关的环境信息。

工业企业是环境污染产生的重要来源，该类企业是否将其环境信息恰当、及时地做出披露，直接关系着整个社会对于环境保护的管理和监督。本节主要对此进行研究。工业企业是环境污染的主要源头，通过对该类企业环境信息披露情况进行梳理，分析得出如下三个方面的结论。

3.3.1 京津冀企业环境信息披露方式

上海证券交易所中列明的京津冀地区工业企业共 92 家，其中北京 58 家、天津 14 家、河北 20 家。这些企业在董事会报告、会计报表、审计报告等中会提到相关环境信息，有部分企业在其披露的社会责任报告中独立提及环境责任。在社会责任报告中，企业通常会在环境责任专题中介绍企业目前的环保理念及环境管理行为等，但是目前京津冀地区工业企业社会责任报告披露情况并不乐观，如表 3-1 所示，三地平均披露比例不足一半。

表 3-1　京津冀地区工业企业社会责任报告披露情况 [1]

地区	该地区工业企业数量	披露社会责任报告企业数量	披露企业占总企业数量比例
北京	58	31	53.4%
天津	14	8	57.1%
河北	20	3	15%
合计	92	42	45.7%

3.3.2 京津冀企业环境信息披露内容

（1）环保理念。目前，已开始披露环境信息的企业绝大多数会在其披露中提到环保理念，并与其企业战略相融合。如三友化工（600409）提到公司始终坚持"环保优先"的方针，在工艺和技术上加强环保管控。中国交建（601800）在领导致辞中提及"绿色"的发展理念，并且在业务发展时坚持奉行"绝不让美丽的土地受到污染"的原则，竭尽所能降低施工对环境的破坏。

（2）节能减排情况。中材节能（603126）积极投入环保事业，2016 年利用余热发电项目 93.97MW，减少二氧化碳排放达 570 000 吨，余热电站共 16 个，用此发电减少 430 000 吨二氧化碳排放。海油工程（600583）将"三新三化"作为公司发展的长效措施，通过此方法节约工程投资 2 亿元，节约标准煤 3930 吨。同时，在 2016 年通过 ISO14001 环境管理体系认证后，进一步将环保考核纳入环境绩效考核体系，不断提升公司整体环保意识。

（3）环保投入。开滦股份（600997）及其所属分子公司积极响应政府号

---

〔1〕　数据来自上海证券交易所公布的 2016 年社会责任报告。

召，在 2016 年内环保投入共 28 493.67 万元，约占公司营业收入的 2.43%。北方导航（600435）在 2016 年的环境管理中共投入 29.3 万元，保证了生产运行所产生的废水、废气等都达到了国家的排放标准，确保全年没有环境污染事件。

3.3.3 京津冀企业环境信息披露问题

（1）披露方式不统一。目前，各企业根据自己的需求选取各自的环境信息披露方式。有些企业通过财务报表中环保投资等项目反映企业环保管理的投入，也有企业在公司战略中提及绿色理念，还有部分企业定期披露社会责任报告，对企业所承担的生态环境责任、所做出的贡献进行说明。由于缺乏行业或地区统一的披露方式，各单位披露方式不统一，这就让信息使用者在了解某企业环境行为时更为困难。

（2）披露内容可比性低。社会责任报告中概括了企业详细的环保理念、环保投入、节能减排及污染防治等方面的行动。然而由于行业、企业性质等因素的差异，每个企业披露的内容又不尽相同，导致在对企业环境行为进行比较时存在一定的困难，不利于政府对于各企业环境行为的评价，也不利于同类企业相互间的学习。

（3）披露意识欠缺。目前，企业对其环境信息披露最为详细的方式是社会责任报告，然而在对京津冀地区上交所工业上市公司披露情况进行梳理的基础上发现，北京、天津地区的披露情况较好，约为 50%~60%；但在河北 20 家工业企业中仅 3 家披露了社会责任报告，仅为 15%。及时、全面地披露社会责任报告是外部利益相关者获取企业环境信息的重要来源，披露意识的欠缺使得推进环境治理的工作更为困难。

京津冀企业环境行为驱动因素调查及实证检验

4.1 理论假设

基于对现有国内外有关研究企业环境行为驱动因素文献的收集与整理，本篇结合京津冀地区企业环境行为实际调查情况，提出环境规制、财务状况等可能的京津冀企业环境行为驱动因素，并提出相应假设。

（1）环境规制。对于企业来说，外界的环境规制是促使企业实施环境行为的重要因素。Hart（1997）提出在环境规制的压力下，企业的战略会经历环境治理、生产责任及持续发展的变化[44]。但是，张倩、曲世友（2013）通过博弈模型探究政府与企业的博弈过程时发现，以排污税为例，当企业的边际减排成本过大时，不利于企业进行环境管理[45]，企业在面临外部环境压力时会主动考虑规避这部分成本。

假设1（H1）：环境规制是京津冀地区企业环境行为的驱动因素之一，环境规制越强，越能促使企业采取更加积极主动的环境行为。

（2）财务状况。一个企业的财务状况影响着企业的发展决策，想要改善企业环境行为就要加大对于环保设备的投入、加强污染治理的投资，这就势必会增加企业的经营成本，在一定程度上降低企业当前的利润。关劲峤（2013）在研究太湖流域印染企业环境行为内部影响因素时提出，经济实力是需要重点考虑的方面，并在随后通过模型检验得到了验证[46]。财务状况良好的公司会从其长远战略的角度考虑企业品牌的树立，进而为维护企业形象积极改善其企业环境行为。

假设 2（H2）：财务状况是京津冀地区企业环境行为的驱动因素之一，财务状况越好的企业越倾向于采取积极的环境行为。

（3）治理结构。基于现代企业制度理论，治理结构关系着企业战略的制定与未来发展方向的选择，同样也决定着环境管理方面的决策。赵娜（2009）研究了治理结构与企业社会责任之间的关系，董事会人数越多，企业承担社会责任时越主动[47]。治理结构一般通过股权结构、董事会结构等多方面的结合表现出来，股权结构集中的企业管理者会将自己的利益与企业的经营发展方向相结合，更为注重企业的长远发展。同时，当企业的董事会规模较大时，以权谋私的现象会减少很多，更利于企业良性发展。

假设 3（H3）：治理结构是京津冀地区企业环境行为的驱动因素之一，股权集中度越高、董事会规模越大的企业越倾向采取积极的环境行为。

（4）企业雇员环保意识。企业雇员包括管理者和员工，是企业经济业务的直接参与者，企业雇员的环保意识也对企业环保意识有着重要的驱动作用。和苏超等（2016）认为管理者对于环境的认知会提升环境绩效，管理层环保意愿强，会直接关系到企业的行为选择[48]。同样，员工作为企业经营实施的重要主体，其环保态度也影响着企业整体环境行为的表现。通常来说，环保意识强的员工会在工作中更多地关注工作环境是否会给自己的健康带来危害，企业的生产经营是否会危害家人与后代，这在一些重污染行业企业表现得尤为明显。Robertson 和 Barling（2013）发现员工环保意识会影响企业环境行为水平，理解企业环保理念及战略并积极实施的员工所在的企业其环境行为表现更为突出[49]。管理者对于企业的资源有着直接的支配权利，管理者对于环境保护的理解与认知会在一定程度上影响企业的经营决策。环保理念强的管理者会在决策与制定方案时优先考虑更为绿色的方案，加强企业整体对环境行为的整治，从而使企业具备良好的环境行为。

假设 4（H4）：企业雇员环保意识是京津冀地区企业环境行为的驱动因素之一，企业雇员环意识保越强的企业越倾向于采取积极的环境行为。

（5）利益相关者态度。根据利益相关者理论，企业在经营过程中要面对各方面的利益相关者诸如投资者、消费者、企业周边居民等。卢秋生、干胜道（2015）在对 636 家企业环境信息披露情况进行打分后与利益相关者态度进行回归分析发现，内外部利益相关者的需求都影响着环境信息披露的情况，股东、债务人、顾客等均会不同程度对企业施加压力促使其披露环境信息[50]，只有满足利益相关者的关注才能让企业有更好的发展。

假设5（H5）：利益相关者态度是京津冀地区企业环境行为的驱动因素之一，利益相关者对环境保护的关注会促进企业采取积极的环境行为。

4.2 京津冀企业环境行为驱动因素概念模型

本篇共提出5个可能影响京津冀地区企业环境行为的驱动因素，根据因素的来源可分为外部因素和内部因素。其中，外部因素包括环境规制、利益相关者态度，内部因素包括财务状况、治理结构、企业雇员环保意识。基于上述5个因素，构建京津冀企业环境行为概念模型。

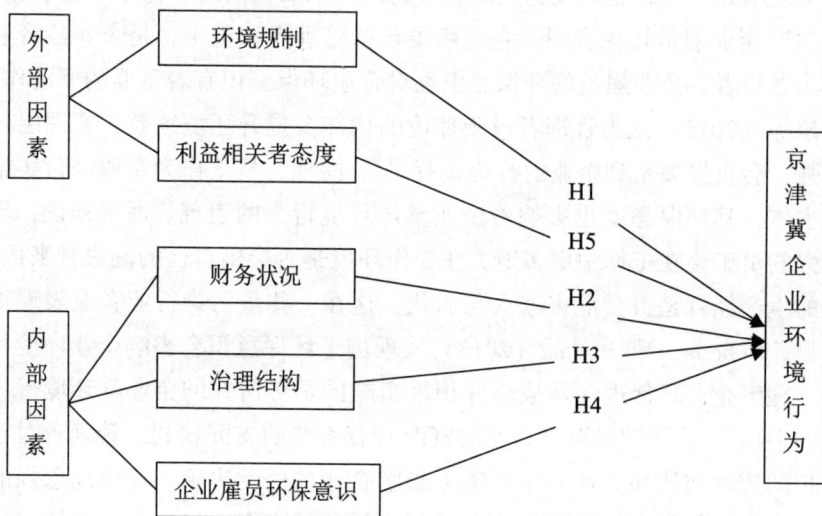

图4-1 京津冀企业环境行为概念模型

4.3 京津冀企业环境行为驱动因素调查

4.3.1 问卷设计

问卷调查是研究的一种重要手段，通过对被访者的调查，可以更清楚地了解到相关实际情况。然而，问卷设计质量以及回收的情况直接影响了调查研究的结果，高质量、高回收率的问卷是研究成功的重要保障。本研究以企业环境行为驱动因素相关理论为基础，设计并回收问卷。在设计时，多次与校内外专家进行沟通，针对不妥之处及时地做出了调整，以保证问卷的调查结果与本次研究内容相匹配。并在完成问卷的初稿后，对研究范围内企业进行了预调研，针对题设不理想之处做了进一步的改进，最终形成调查问卷。

本篇设计的问卷采用 Likert 五级量表，为方便被调查企业回答，问题均为封闭式（见附录 A）。问卷大体分为四部分，共 37 个问题。前 7 题为企业基本信息，余下 30 题为有关企业环境行为的实施情况，各企业需根据其自身实际情况进行选择。每题的选项为 5 个，从高到低表示对问题的同意程度，分别用 5 至 1 表示。

第一部分，针对调查问卷的说明。本部分介绍了此次问卷调查的背景意义及调查目的，并对调查的保密性进行了说明。

第二部分，针对企业基本情况的调查。本部分调查了受访者及其所属企业的基本情况，包括该企业所属地区、行业、类型、企业存续时间、营业收入及受访者所处职位、性别等。

第三部分，针对企业环境行为实施情况的调查。本部分共设计 11 题，通过环保投资、环保技术、环保管理及环境战略等方面对企业环境行为进行衡量，得出对于企业环境行为实施情况的评价结果。

第四部分，针对企业环境行为驱动因素的调查。本部分共 19 题，从环境规制、财务状况、公司治理结构、企业雇员环保意识及利益相关者态度等方面了解其对于实施企业环境行为的影响。

4.3.2 样本选取与数据收集

本研究针对京津冀地区企业环境行为进行调查，将受访者确定为京津冀地区企业的雇员，并根据三地区企业实际情况的差异，选取特定的受访者。制造业企业是污染的重要源头，因此本调查问卷在北京和河北地区限定为制造业企业。由于天津市制造业企业数量较少，故未限定行业范围，在问卷题目中设计相应选项进行进一步分析。同时，考虑到企业管理者对于企业的政策、战略及投资等情况更为了解，为了使调查结果更具代表性，本问卷的受访者职位限定为高级管理者与一般管理者。

本问卷采取网络调查的形式，借助问卷星平台对受访者进行发放。本次共发放 340 份，剔除不完整及答案前后不合理等无效问卷后，实际回收有效问卷 315 份，回收有效率达 92%。在多元统计学中，调查指标通常与样本量的比例应大于 1:5，并且样本量不低于 100 时，因子分析的效果更为理想，得出的结果也更具合理性。本研究中，设定了由环保投资、环保运营、环境管理、环境成果及信息披露构成的评价指标，每个地区共 105 个样本，指标与样本比约为 1:21，满足统计学的因子分析要求。此外，在对企业环境行为现状进行因子分析前，需要对样本数据进行信度、效度检验，此部分将在下一章节进行阐述。

4.3.3 问卷基本信息统计

对收回的问卷进行初步信息统计，其中，企业存续时间为 11 年至 50 年的所占比例最多为 59.05%，4 年至 10 年的企业约 25.08%，0 年至 3 年与 50 年以上的企业分别为 5.08% 和 10.79%。从企业类型角度来看，被调查者所在企业属于国有及国有控股企业、民营企业、股份制公司、外资企业的比例分别为 35.4%、27.3%、42.54% 和 4.76%。受访者所在企业的近三年年均营业收入可以说明其财务状况，年均营业收入大于 5000 万元以上的有 141 家，约为 44.76%；1000 万元~5000 万元的企业有 59 家约占总企业比例的 18.74%。调查问卷样本数据信息如表 4-1 所示。

表 4-1　样本数据统计

项目	类别	次数	比例
企业存续时间	0 年至 3 年	16	5.08%
	4 年至 10 年	79	25.08%
	11 年至 50 年	186	59.05%
	50 年以上	34	10.79%
企业类型	国有及国有控股	80	35.4%
	民营企业	86	27.3%
	股份制企业	134	42.54%
	外资企业	15	4.76%

续表

项目	类别	次数	比例
近三年年均营业收入	100 万元以下	31	9.84%
	101 万元~500 万元	38	12.06%
	501 万元~1000 万元	46	14.6%
	1000 万元~5000 万元	59	18.74%
	5000 万元以上	141	44.76%
职位分布	高级管理者	91	28.89%
	一般管理者	224	71.11%
性别分布	男	164	52.06%
	女	151	47.94%

4.4 京津冀企业环境行为评价

在对京津冀地区企业环境行为进行评价时，通过 SPSS17.0 对问卷数据进行分析，首先检测问卷的信度是否可靠，其次依据问卷设立京津冀企业环境行为评价指标，同时检验其相关性，最后对京津冀地区企业环境行为进行评价。

4.4.1 问卷信度及效度检验

对本研究问卷信度检验所采用的是 Cronbach α 系数检验法，根据 Cronbach α 系数可以对量表内部的一致性进行检验。通常来说，α 系数越高，相应量表的可信度就越高。根据相关统计学知识，α 系数大于 0.7 属于可以接受的范围，此时问卷具有较高的信度；而当 α 系数小于 0.35 时，则要拒绝相关问卷。

本问卷的第三部分为针对京津冀企业环境行为的调查，共包含 11 题，分别从环保投资、环保运营、环境管理、环保成果及环境信息披露等五个方面对企业环境行为进行衡量。本节针对上述题目的量表进行信度检测，以检测评价因素的内部一致性。

京津冀企业环境行为量表信度检验结果如表 4-2 所示，环保投资、环保运营、环境管理三项的 α 值分别为 0.843、0.874 和 0.906，均具备很高的信度，可以接受；环保成果的 α 系数为 0.734，大于 0.7，属较高信度，同样可以接受。本量表总体 Cronbach α 系数为 0.929，说明该量表可靠且各评价指标内部一致性较高。

表 4-2　量表信度检验结果

项目	评价指标	均值	标准差	Cronbach α
环保投资	A1. 企业针对环保设备与排污设备进行投资。	1.64	0.972	0.843
	A2. 企业增加环保技术的研发投资。	1.83	1.127	
环保运营	A3. 在生产中避免使用污染大的材料。	1.63	1.028	0.874
	A4. 企业更倾向使用环保材料进行生产。	1.61	0.926	
	A5. 企业优先使用可再生或低污染能源。	1.66	0.939	
环境管理	A6. 企业设置了相应的环境绩效指标。	1.71	1.054	0.906
	A7. 企业制定了相关环境管理制度。	1.61	0.992	
	A8. 企业的战略目标中，是否提到环保理念。	1.63	0.983	
环保成果	A9. 企业取得环保认证，如 ISO14001 等。	1.72	1.138	0.734
	A10. 与政府开展环境合作项目。	1.94	1.162	
信息披露	A11. 企业定期对企业环境信息进行披露。	1.93	1.160	—
量表整体信度值				0.929

进行因子分析前，需要对样本数据进行效度检验，确保其适合进行因子分析。在因子分析适用性检验中根据 KMO 值进行判断，KMO 值在 0 至 1 区间内，当该值越趋近于 1 时，就可证明该变量的相关性越大，也就越适合做因子分析。KMO 值大于 0.9 时说明样本非常适合做因子分析，KMO 值小于 0.5 时说明样本不适合做因子分析。并且，Bartlett's 也能够验证数据是否适合做因子分析，当球形度检验统计量数值大且其概率小于显著性水平，那么此时便适用于因子分析。

对 315 个有效样本数据进行因子分析适用性检验，如表 4-3 中结果所示，样本数据 KMO 值为 0.916，且球形度检验结果中 sig 小于 0.05，说明该有效样本适用因子分析法。

表 4-3　京津冀企业环境行为评价指标 **KMO** 和 **Bartlett** 的检验

KMO 值		0.916
Bartlett 的球形度检验	近似卡方	2702.962
	Df	55
	Sig.	0.000

4.4.2 设定评价指标

上节对量表信度检验的结果说明量表内 11 个问题适合作为评价指标，但还需对 11 个指标的相关性进行检验，需将相关系数小、显著性不高的指标予以剔除，最终确定京津冀企业环境行为评价指标。

京津冀企业环境行为评价指标相关性分析结果如表 4-4 所示，11 个指标相关系数较大，显著水平高，均在 0.01 水平上显著相关。因此，问卷中有关京津冀企业环境行为的 11 题所对应的评价指标为有效指标，无需剔除任何指标。

表 4-4　京津冀企业环境行为评价指标相关系数

	A1	A2	A3	A4	A5	A6	A7	A8	A9	A10	A11
A1	1										
A2	.737**	1									
A3	.621**	.641**	1								
A4	.547**	.571**	.751**	1							
A5	.497**	.631**	.628**	.723**	1						
A6	.606**	.631**	.580**	.671**	.651**	1					
A7	.589**	.595**	.554**	.635**	.616**	.800**	1				
A8	.513**	.558**	.548**	.626**	.613**	.715**	.777**	1			

续表

	A1	A2	A3	A4	A5	A6	A7	A8	A9	A10	A11
A9	.514**	.591**	.429**	.456**	.377**	.605**	.581**	.546**	1		
A10	.550**	.590**	.451**	.523**	.510**	.633**	.590**	.653**	.580**	1	
A11	.568**	.636**	.470**	.523**	.543**	.643**	.657**	.592**	.634**	.720**	1

注：** 在 0.01 水平（双侧）上显著相关。

4.4.3 因子分析

对京津冀企业环境行为的 11 个评价指标提取主成分因子，如表 4-5 所示。若特征值大于 1，则说明该因子为主成分因子，在结果中可提取 5 个主因子，且主因子的累计方差解释率超过一般水平，为 86.517%。

表 4-5　主成分分析结果

成分	初始特征值			提取平方和载入		
	合计	方差的%	累积%	合计	方差的%	累积%
1	6.979	63.442	63.442	2.388	21.710	21.710
2	.927	8.428	71.870	2.388	21.706	43.416
3	.709	6.446	78.316	1.894	17.217	60.633
4	.476	4.325	82.641	1.765	16.049	76.682
5	.426	3.876	86.517	1.082	9.835	86.517
6	.371	3.370	89.887			
7	.303	2.752	92.639			
8	.265	2.412	95.050			
9	.215	1.950	97.000			
10	.175	1.590	98.590			
11	.155	1.410	100.000			

根据表 4-6 得到主成分得分系数矩阵，列出各主成分评分方程如下：

F1 = 0.244 * A1 + 0.38 * A2 + 0.777 * A3 + 0.808 * A4 + 0.714 * A5 + 0.353 * A6 + 0.277 *

A7+0. 327 * A8+0. 212 * A9+0. 199 * A10+0. 152 * A11　………………………（公式 4-1）

　　F2=0. 287 * A1+0. 201 * A2+0. 191 * A3+0. 353 * A4+0. 365 * A5+0. 69 * A6+0. 801 * A7+0. 752 * A8+0. 304 * A9+0. 327 * A10+0. 296 * A11　………………………（公式 4-2）

　　F3=0. 212 * A1+0. 383 * A2+0. 064 * A3+0. 196 * A4+0. 381 * A5+0. 287 * A6+0. 243 * A7+0. 334 * A8+0. 729 * A9+0. 788 * A10+0. 33 * A11　………………………（公式 4-3）

　　F4=0. 843 * A1+0. 679 * A2+0. 414 * A3+0. 157 * A4+0. 188 * A5+0. 291 * A6+0. 277 * A7+0. 143 * A8+0. 276 * A9+0. 223 * A10+0. 233 * A11　………………………（公式 4-4）

　　F5=0. 143 * A1+0. 211 * A2+0. 217 * A3+0. 183 * A4-0. 103 * A5+0. 236 * A6+0. 202 * A7+0. 154 * A8+0. 295 * A9+0. 186 * A10+0. 827 * A11　………………………（公式 4-5）

　　将上述五个方程结合表 4-5 的方差解释量可得到京津冀企业环境行为评价总得分计算方程，如下：

　　S1=0. 251 * F1+0. 251 * F2+0. 199 * F3+0. 186 * F4+0. 113 * F5…………（公式 4-6）

　　根据方程 F1 至方程 F5 可分别算出环保运营、环境管理、环保成果、环保投资及环境信息披露的得分，然后相应带入方程 S1 得到京津冀企业环境行为总得分，分值越高则说明企业环境行为越好。

表 4-6　主成分得分系数矩阵

	成分 1	成分 2	成分 3	成分 4	成分 5
A1	.244	.287	.212	.843	.143
A2	.380	.201	.383	.679	.211
A3	.777	.191	.064	.414	.217
A4	.808	.353	.196	.157	.183
A5	.714	.365	.381	.188	-. 103
A6	.353	.690	.287	.291	.236
A7	.277	.801	.243	.277	.202
A8	.327	.752	.334	.143	.154
A9	.212	.304	.729	.276	.295
A10	.199	.327	.788	.223	.186
A11	.152	.296	.330	.233	.827

4.4.4 京津冀企业环境行为评价结果

通过第三节中得出的方程S1，利用Excel计算出315家企业环境行为总得分，结果如表4-7。

表4-7 样本企业环境行为评价得分

企业编号	F1	F2	F3	F4	F5	S1
1	20.397	19.938	16.096	16.552	10.66	17.61044
2	16.003	13.291	10.571	12.812	6.341	12.55599
3	19.677	20.515	17.473	16.81	11.14	17.9508
4	18.573	19.572	17.075	16.253	10.769	17.21228
5	22.22	22.835	19.735	18.62	12.755	20.14071
6	22.22	22.835	19.735	18.62	12.755	20.14071
7	22.22	22.835	19.735	18.62	12.755	20.14071
8	19.593	20.169	17.428	16.982	11.436	17.89935
9	19.817	19.403	16.989	16.586	11.042	17.55777
10	20.054	20.835	17.272	15.894	11.467	17.95232
11	21.126	22.269	18.971	17.753	12.647	19.39854
12	20.983	21.385	18.966	17.953	11.543	19.05222
13	12.918	13.229	11.763	10.557	7.616	11.72794
14	21.231	22.34	18.942	17.93	12.243	19.42422
15	19.363	19.74	17.08	16.72	11.095	17.57743
16	20.558	20.956	18.157	16.577	11.071	18.3676
17	19.493	18.868	12.913	14.568	8.773	15.8993
18	18.101	18.496	15.827	15.223	9.401	16.22921
19	18.945	19.708	15.7	15.454	10.482	16.88511
20	18.457	19.71	16.409	15.33	10.594	16.89381
21	17.934	18.056	16.81	15.686	10.161	16.44447

企业编号	F1	F2	F3	F4	F5	S1
22	19.677	20.515	17.473	16.81	11.14	17.9508
23	17.152	17.78	15.193	13.374	9.85	15.39195
24	16.5	15.916	13.837	13.163	8.658	14.31665
25	20.412	20.346	18.42	16.967	11.246	18.3225
26	21.046	21.397	17.234	16.419	11.202	18.40252
27	18.378	18.003	15.848	15.4	11.094	16.40341
28	17.776	18.268	15.788	14.896	10.204	16.11256
29	12.426	14.706	12.96	10.783	6.777	12.16061
30	19.677	20.515	17.473	16.81	11.14	17.9508
31	18.255	19.316	16.452	15.272	11.185	16.80877
32	18.86	20.283	18.09	16.748	11.857	17.87977
33	20.89	21.627	18.596	17.692	12.116	19.03219
34	21.688	22.338	19.022	17.708	11.717	19.45361
35	20.125	20.726	18.713	17.598	12.285	18.63892
36	22.22	22.835	19.735	18.62	12.755	20.14071
37	20.088	19.154	16.37	15.708	10.61	17.22799
38	12.038	13.412	10.951	10.022	7.723	11.30399
39	12.709	13.446	11.419	11.066	7.379	11.72939
40	22.22	22.835	19.735	18.62	12.755	20.14071
41	12.435	12.09	11.248	9.736	6.567	10.94709
42	14.197	13.915	10.24	11.273	7.764	12.06798
43	18.821	17.772	14.914	15.006	10.291	16.10673
44	11.786	13.098	10.662	9.766	7.047	10.98041
45	18.907	19.149	16.139	15.601	10.657	16.86974
46	12.269	15.312	11.694	10.671	7.879	12.12507
47	15.079	15.185	13.673	12.314	8.194	13.53352

企业编号	F1	F2	F3	F4	F5	S1
48	18.035	18.884	15.84	15.483	10.549	16.4907
49	20.396	19.931	18.16	17.488	11.439	18.28129
50	12.198	12.122	11.268	11.068	7.886	11.29642
51	22.008	22.531	19.006	18.344	12.46	19.78145
52	20.96	20.865	17.943	17.284	11.968	18.63594
53	21.869	22.212	18.617	18.164	11.742	19.47446
54	22.22	22.835	19.735	18.62	12.755	20.14071
55	17.335	18.238	15.655	13.35	10.643	15.72993
56	20.63	19.834	16.816	16.244	10.039	17.65864
57	19.434	20.802	16.871	17.408	11.579	18.00288
58	11.172	11.418	9.116	6.435	4.89	9.233654
59	17.776	18.268	15.788	14.896	10.204	16.11256
60	17.776	18.268	15.788	14.896	10.204	16.11256
61	20.342	19.624	16.315	16.175	9.144	17.31997
62	22.22	22.835	19.735	18.62	12.755	20.14071
63	18.127	17.366	13.148	13.223	9.583	15.06755
64	17.988	18.572	16.517	15.172	10.499	16.47182
65	17.626	17.953	14.207	14.763	8.995	15.51988
66	17.473	15.481	14.195	14.81	7.634	14.71356
67	19.955	20.256	17.993	16.274	11.001	17.94365
68	11.828	13.178	11.457	9.295	6.4	11.00852
69	20.771	20.721	16.888	16.685	10.173	18.02816
70	11.713	10.644	10.994	10.502	6.962	10.53949
71	17.988	18.572	16.517	15.172	10.499	16.47182
72	21.287	21.617	18.277	17.427	12.122	19.01724
73	18.382	20.749	17.397	16.569	11.051	17.61448

续表

企业编号	F1	F2	F3	F4	F5	S1
74	18. 666	19. 947	17. 969	15. 771	11. 666	17. 51936
75	19. 004	20. 309	16. 96	16. 838	10. 914	17. 60775
76	18. 863	20. 35	17. 259	16. 583	11. 08	17. 61348
77	19. 243	20. 551	17. 642	17. 262	11. 291	17. 98567
78	18. 959	20. 349	17. 536	16. 218	10. 957	17. 61066
79	20. 724	21. 05	17. 779	17. 687	11. 889	18. 65653
80	22. 22	22. 835	19. 735	18. 62	12. 755	20. 14071
81	12. 436	12. 145	12. 523	12. 105	8. 649	11. 89078
82	18. 592	20. 125	17. 094	15. 592	10. 855	17. 2464
83	18. 972	20. 326	17. 477	16. 271	11. 066	17. 61859
84	19. 671	20. 703	17. 455	16. 74	11. 263	17. 99378
85	19. 786	21. 151	17. 06	16. 607	11. 122	18. 01582
86	19. 671	20. 703	17. 455	16. 74	11. 263	17. 99378
87	19. 671	20. 703	17. 455	16. 74	11. 263	17. 99378
88	20. 49	20. 82	17. 875	17. 021	11. 262	18. 36445
89	20. 403	20. 874	17. 523	16. 83	11. 712	18. 30144
90	16. 136	10. 155	8. 891	12. 848	5. 155	11. 34059
91	19. 807	20. 617	17. 626	16. 576	11. 331	18. 01754
92	19. 02	18. 099	15. 702	15. 229	10. 477	16. 45806
93	19. 853	19. 984	16. 189	15. 855	10. 324	17. 33634
94	15. 606	15. 24	12. 212	12. 044	7. 284	13. 23581
95	14. 931	16. 218	15. 776	13. 088	10. 196	14. 54434
96	19. 007	20. 3	16. 966	15. 017	10. 718	17. 24659
97	20. 799	21. 517	18. 637	17. 61	12. 493	19. 01725
98	19. 029	19. 587	16. 883	15. 81	10. 809	17. 21441
99	17. 17	19. 4	16. 857	15. 923	11. 557	16. 80123

企业编号	F1	F2	F3	F4	F5	S1
100	22. 22	22. 835	19. 735	18. 62	12. 755	20. 14071
101	17. 072	19. 413	15. 909	13. 791	10. 782	16. 10712
102	16. 158	19. 388	16. 702	14. 732	10. 095	16. 12663
103	14. 381	16. 982	13. 035	12. 151	8. 168	13. 64915
104	19. 473	19. 723	15. 234	15. 472	10. 302	16. 91168
105	22. 22	22. 835	19. 735	18. 62	12. 755	20. 14071
106	17. 776	18. 268	15. 788	14. 896	10. 204	16. 11256
107	21. 657	21. 908	17. 888	17. 888	11. 447	19. 11521
108	22. 22	22. 835	19. 735	18. 62	12. 755	20. 14071
109	17. 472	17. 175	9. 967	9. 604	6. 107	13. 15627
110	5. 42	5. 715	4. 795	7. 096	3. 123	5. 421845
111	17. 776	18. 268	15. 788	14. 896	10. 204	16. 11256
112	20. 207	18. 493	16. 883	16. 789	11. 135	17. 45443
113	20. 717	20. 404	15. 041	16. 594	8. 908	17. 40762
114	17. 474	18. 487	15. 997	13. 098	10. 238	15. 80274
115	18. 701	20. 008	16. 422	14. 772	10. 137	16. 87701
116	22. 22	22. 835	19. 735	18. 62	12. 755	20. 14071
117	20. 715	19. 709	16. 134	17. 065	10. 187	17. 68231
118	12. 965	9. 864	8. 721	7. 846	5. 351	9. 529577
119	18. 418	19. 275	14. 089	13. 736	9. 637	15. 90853
120	22. 22	22. 835	19. 735	18. 62	12. 755	20. 14071
121	20. 405	19. 996	15. 932	15. 633	9. 878	17. 33507
122	21. 06	20. 927	15. 524	17. 219	10. 889	18. 0612
123	22. 22	22. 835	19. 735	18. 62	12. 755	20. 14071
124	22. 021	22. 508	18. 947	18. 397	12. 569	19. 78937
125	19. 601	19. 999	17. 49	16. 923	12. 038	17. 92808

企业编号	F1	F2	F3	F4	F5	S1
126	21. 694	21. 756	18. 613	18. 254	12. 415	19. 40808
127	10. 53	12. 343	10. 523	7. 3	6. 511	9. 928743
128	10. 504	7. 827	7. 935	8. 484	5. 251	8. 351533
129	18. 258	17. 69	15. 001	15. 734	10. 115	16. 07767
130	19. 534	19. 775	16. 493	16. 983	11. 29	17. 58327
131	22. 22	22. 835	19. 735	18. 62	12. 755	20. 14071
132	18. 524	18. 316	15. 536	15. 43	8. 876	16. 21147
133	4. 444	4. 567	3. 947	3. 724	2. 551	4. 028141
134	22. 22	22. 835	19. 735	18. 62	12. 755	20. 14071
135	22. 22	22. 835	19. 735	18. 62	12. 755	20. 14071
136	21. 412	22. 482	19. 539	18. 463	12. 572	19. 76041
137	21. 84	22. 634	19. 352	17. 941	12. 544	19. 76852
138	22. 22	22. 835	19. 735	18. 62	12. 755	20. 14071
139	21. 046	21. 397	17. 234	16. 419	11. 202	18. 40252
140	22. 22	22. 835	19. 735	18. 62	12. 755	20. 14071
141	17. 145	16. 777	15. 258	14. 328	9. 766	15. 31933
142	18. 963	20. 707	16. 827	14. 453	11. 057	17. 24344
143	16. 888	17. 441	15. 476	13. 618	9. 814	15. 33823
144	22. 22	22. 835	19. 735	18. 62	12. 755	20. 14071
145	22. 22	22. 835	19. 735	18. 62	12. 755	20. 14071
146	22. 22	22. 835	19. 735	18. 62	12. 755	20. 14071
147	22. 22	22. 835	19. 735	18. 62	12. 755	20. 14071
148	22. 22	22. 835	19. 735	18. 62	12. 755	20. 14071
149	20. 834	21. 093	16. 505	16. 143	10. 907	18. 04326
150	17. 987	20. 086	15. 827	14. 302	10. 483	16. 55065
151	20. 421	21. 316	18. 915	17. 998	12. 473	18. 99715

企业编号	F1	F2	F3	F4	F5	S1
152	19.029	19.689	17.232	15.503	10.55	17.22309
153	20.759	19.673	17.423	17.22	10.323	17.98503
154	22.22	22.835	19.735	18.62	12.755	20.14071
155	22.22	22.835	19.735	18.62	12.755	20.14071
156	13.738	19.564	17.552	15.772	11.464	16.08067
157	16.219	14.739	9.385	10.879	5.607	12.29516
158	22.22	22.835	19.735	18.62	12.755	20.14071
159	18.162	15.813	13.682	15.244	9.99	15.2147
160	4.444	4.567	3.947	3.724	2.551	4.028141
161	22.22	22.835	19.735	18.62	12.755	20.14071
162	22.22	22.835	19.735	18.62	12.755	20.14071
163	17.655	18.415	14.455	14.727	10.034	15.80318
164	22.22	22.835	19.735	18.62	12.755	20.14071
165	19.707	21.137	17.119	16.05	11.915	17.99022
166	22.22	22.835	19.735	18.62	12.755	20.14071
167	21.506	22.47	19.354	18.432	12.858	19.77073
168	19.112	22.071	19.479	16.964	11.887	18.71179
169	13.332	13.701	11.841	11.172	7.653	12.08442
170	22.22	22.835	19.735	18.62	12.755	20.14071
171	21.681	21.779	18.672	18.201	12.306	19.40015
172	17.204	16.213	14.109	14.575	9.639	14.99552
173	17.259	16.674	13.426	14.911	9.785	15.06811
174	22.22	22.835	19.735	18.62	12.755	20.14071
175	22.22	22.835	19.735	18.62	12.755	20.14071
176	20.474	20.405	17.615	17.542	11.455	18.32324
177	21.657	21.908	17.888	17.888	11.447	19.11521

续表

企业编号	F1	F2	F3	F4	F5	S1
178	15.493	17.414	14.058	12.624	8.639	14.38147
179	17.776	18.268	15.788	14.896	10.204	16.11256
180	22.22	22.835	19.735	18.62	12.755	20.14071
181	16.969	17.054	13.729	13.321	8.753	14.73864
182	22.22	22.835	19.735	18.62	12.755	20.14071
183	21.033	21.42	17.293	16.366	11.093	18.3946
184	22.22	22.835	19.735	18.62	12.755	20.14071
185	22.22	22.835	19.735	18.62	12.755	20.14071
186	22.22	22.835	19.735	18.62	12.755	20.14071
187	22.22	22.835	19.735	18.62	12.755	20.14071
188	13.332	13.701	11.841	11.172	7.653	12.08442
189	16.753	17.119	15.681	13.864	10.257	15.36014
190	19.201	18.92	17.58	16.838	11.375	17.48403
191	21.623	21.854	17.371	17.951	12.197	19.0867
192	14.276	14.085	12.371	13.75	6.707	12.89583
193	13.504	15.869	10.922	10.74	8.296	12.48119
194	16.411	18.718	16.431	15.831	9.849	16.14465
195	17.776	18.268	15.788	14.896	10.204	16.11256
196	20.764	20.435	15.499	16.584	8.267	17.44405
197	16.296	15.724	11.807	13.141	7.352	13.66162
198	15.94	15.394	12.208	12.775	8	13.57438
199	22.22	22.835	19.735	18.62	12.755	20.14071
200	21.596	22.347	19.14	17.098	12.401	19.42009
201	22.22	22.835	19.735	18.62	12.755	20.14071
202	22.22	22.835	19.735	18.62	12.755	20.14071
203	22.22	22.835	19.735	18.62	12.755	20.14071

企业编号	F1	F2	F3	F4	F5	S1
204	22.22	22.835	19.735	18.62	12.755	20.14071
205	5.646	5.506	4.752	5.598	2.734	5.09497
206	9.512	9.622	8.489	8.97	5.456	8.776893
207	22.22	22.835	19.735	18.62	12.755	20.14071
208	15.621	13.957	11.978	14.731	8.564	13.5154
209	20.277	19.287	14.2	16.377	8.254	16.73519
210	11.599	10.154	9.966	9.505	5.26	9.805547
211	22.22	22.835	19.735	18.62	12.755	20.14071
212	16.429	18.006	15.215	14.461	9.451	15.42868
213	16.927	18.163	15.163	14.455	8.596	15.48501
214	22.068	22.539	19.405	18.387	11.928	19.8258
215	20.056	21.763	18.304	17.147	11.958	18.67966
216	22.22	22.835	19.735	18.62	12.755	20.14071
217	22.22	22.835	19.735	18.62	12.755	20.14071
218	22.22	22.835	19.735	18.62	12.755	20.14071
219	22.22	22.835	19.735	18.62	12.755	20.14071
220	21.596	22.347	19.14	17.098	12.401	19.42009
221	22.22	22.835	19.735	18.62	12.755	20.14071
222	22.22	22.835	19.735	18.62	12.755	20.14071
223	21.866	22.145	19.448	18.329	12.519	19.74075
224	22.22	22.835	19.735	18.62	12.755	20.14071
225	22.22	22.835	19.735	18.62	12.755	20.14071
226	15.904	13.245	10.188	8.803	6.713	11.73974
227	18.653	19.03	17.667	16.962	11.964	17.48103
228	21.021	20.996	15.701	17.06	10.562	18.03743
229	22.22	22.835	19.735	18.62	12.755	20.14071

企业编号	F1	F2	F3	F4	F5	S1
230	22.22	22.835	19.735	18.62	12.755	20.14071
231	13.024	13.688	11.523	9.519	6.271	11.47695
232	20.44	19.477	15.373	16.87	9.831	17.32712
233	16.352	17.132	15.406	13.703	9.09	15.04621
234	19.225	18.898	15.877	15.631	10.536	16.82633
235	22.22	22.835	19.735	18.62	12.755	20.14071
236	19.266	19.524	14.607	15.319	9.584	16.57541
237	22.22	22.835	19.735	18.62	12.755	20.14071
238	22.22	22.835	19.735	18.62	12.755	20.14071
239	15.133	17.295	14.379	13.188	8.305	14.39228
240	22.22	22.835	19.735	18.62	12.755	20.14071
241	22.22	22.835	19.735	18.62	12.755	20.14071
242	22.22	22.835	19.735	18.62	12.755	20.14071
243	22.22	22.835	19.735	18.62	12.755	20.14071
244	21.106	21.743	18.682	16.971	12.097	18.99638
245	21.596	22.347	19.14	17.098	12.401	19.42009
246	22.22	22.835	19.735	18.62	12.755	20.14071
247	22.22	22.835	19.735	18.62	12.755	20.14071
248	21.869	22.212	18.617	18.164	11.742	19.47446
249	22.22	22.835	19.735	18.62	12.755	20.14071
250	22.22	22.835	19.735	18.62	12.755	20.14071
251	10.363	11.188	8.215	9.501	6.036	9.49334
252	17.414	17.489	16.079	14.284	9.683	15.71138
253	6.676	6.106	6.55	5.331	3.146	5.858796
254	17.353	17.481	13.681	15.168	9.496	15.36015
255	22.22	22.835	19.735	18.62	12.755	20.14071

续表

企业编号	F1	F2	F3	F4	F5	S1
256	22. 22	22. 835	19. 735	18. 62	12. 755	20. 14071
257	22. 22	22. 835	19. 735	18. 62	12. 755	20. 14071
258	22. 22	22. 835	19. 735	18. 62	12. 755	20. 14071
259	18. 508	18. 128	15. 278	15. 099	9. 989	16. 17313
260	22. 22	22. 835	19. 735	18. 62	12. 755	20. 14071
261	22. 22	22. 835	19. 735	18. 62	12. 755	20. 14071
262	22. 22	22. 835	19. 735	18. 62	12. 755	20. 14071
263	9. 1	9. 438	8. 623	7. 724	5. 397	8. 41554
264	20. 573	21. 252	17. 896	17. 239	12. 225	18. 64726
265	22. 22	22. 835	19. 735	18. 62	12. 755	20. 14071
266	21. 649	21. 796	19. 189	17. 634	12. 458	19. 41098
267	16. 008	18. 935	15. 779	9. 944	7. 163	14. 56972
268	22. 22	22. 835	19. 735	18. 62	12. 755	20. 14071
269	14. 621	10. 459	7. 513	7. 189	4. 201	9. 602034
270	8. 888	9. 134	7. 894	7. 448	5. 102	8. 056282
271	22. 22	22. 835	19. 735	18. 62	12. 755	20. 14071
272	12. 618	13. 336	11. 46	10. 984	7. 756	11. 71445
273	22. 22	22. 835	19. 735	18. 62	12. 755	20. 14071
274	22. 22	22. 835	19. 735	18. 62	12. 755	20. 14071
275	18. 583	19. 482	17. 847	16. 471	11. 655	17. 48649
276	22. 22	22. 835	19. 735	18. 62	12. 755	20. 14071
277	22. 22	22. 835	19. 735	18. 62	12. 755	20. 14071
278	22. 22	22. 835	19. 735	18. 62	12. 755	20. 14071
279	20. 114	20. 843	17. 671	15. 937	10. 935	17. 99667
280	22. 22	22. 835	19. 735	18. 62	12. 755	20. 14071
281	22. 22	22. 835	19. 735	18. 62	12. 755	20. 14071

续表

企业编号	F1	F2	F3	F4	F5	S1
282	22.22	22.835	19.735	18.62	12.755	20.14071
283	22.22	22.835	19.735	18.62	12.755	20.14071
284	22.22	22.835	19.735	18.62	12.755	20.14071
285	13.82	14.275	12.265	12.858	7.939	12.78128
286	19.389	19.251	17.176	17.108	11.07	17.54966
287	22.22	22.835	19.735	18.62	12.755	20.14071
288	21.732	22.261	19.311	16.934	12.469	19.44385
289	22.22	22.835	19.735	18.62	12.755	20.14071
290	22.22	22.835	19.735	18.62	12.755	20.14071
291	21.869	22.212	18.617	18.164	11.742	19.47446
292	21.822	22.181	18.159	18.174	12.383	19.43804
293	21.068	21.027	16.159	17.05	9.921	18.07386
294	22.22	22.835	19.735	18.62	12.755	20.14071
295	21.552	21.643	18.016	17.645	9.979	18.83673
296	19.383	20.379	17.519	15.794	10.786	17.62305
297	15.192	17.153	12.515	12.491	9.203	13.97235
298	13.511	15.082	12.81	11.694	8.441	12.85495
299	22.22	22.835	19.735	18.62	12.755	20.14071
300	18.212	19.924	16.711	14.913	10.644	16.87422
301	20.518	19.791	17.429	16.721	10.83	17.91983
302	13.332	13.701	11.841	11.172	7.653	12.08442
303	22.22	22.835	19.735	18.62	12.755	20.14071
304	22.22	22.835	19.735	18.62	12.755	20.14071
305	22.22	22.835	19.735	18.62	12.755	20.14071
306	15.479	14.314	12.152	11.698	7.123	12.87702
307	19.828	20.99	18.452	16.219	12.085	18.29961

续表

企业编号	F1	F2	F3	F4	F5	S1
308	21. 856	22. 235	18. 676	18. 111	11. 633	19. 46654
309	22. 22	22. 835	19. 735	18. 62	12. 755	20. 14071
310	16. 318	19. 73	16. 681	13. 153	11. 882	16. 15669
311	22. 22	22. 835	19. 735	18. 62	12. 755	20. 14071
312	13. 332	13. 701	11. 841	11. 172	7. 653	12. 08442
313	22. 22	22. 835	19. 735	18. 62	12. 755	20. 14071
314	22. 22	22. 835	19. 735	18. 62	12. 755	20. 14071
315	22. 22	22. 835	19. 735	18. 62	12. 755	20. 14071

4.4.5 京津冀企业环境行为评价结果分析

（1）按地域比较

表 4-8 为不同区域企业环境行为得分情况表，图 4-2 所示为京津冀三地各自企业环境行为得分平均值，从图中可以看出，河北地区的企业环境行为得分为 17.55，高于其他两个地区。河北地区的制造业企业比例相较北京和天津地区更高，由于制造业行业对于环境污染影响大，地方环保部门对此格外重视。河北省近年来陆续出台了一系列的环境政策法规，覆盖交通、大气、乡村等方方面面。并且河北省鼓励公众参与环保监督，从方方面面加强了对于企业环境行为的规制，因此制造业企业会更加关注自身的环境行为。

表 4-8 不同区域企业环境行为得分情况表

地区	极小值	极大值	标准差	均值
北京市	9. 53	20. 14	2. 73	16. 95
天津市	5. 09	20. 14	3. 05	17. 05
河北省	4. 03	20. 14	3. 71	17. 55

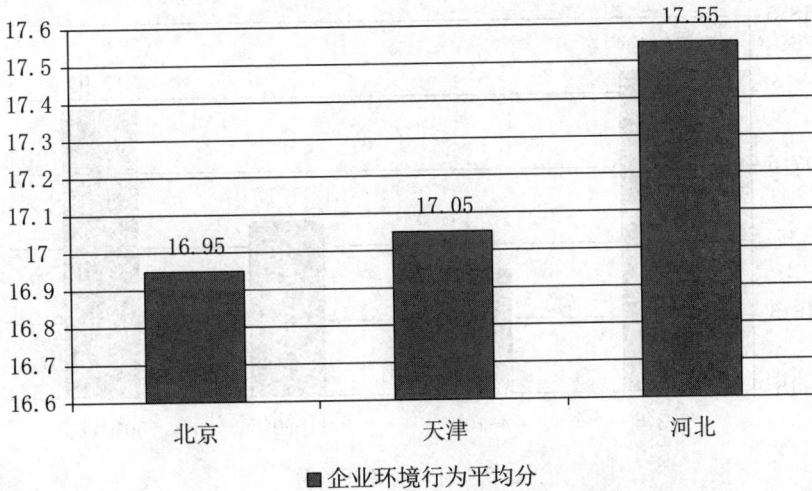

图 4-2　不同地区企业环境行为得分平均值

（2）按企业存续时间比较

表 4-9 为不同存续时间企业环境行为得分情况表，图 4-3 所示为不同存续时间企业的环境行为得分情况，如图所示，成立 0 年至 3 年的企业与成立50 年以上的企业环境行为表现较好。随着社会对于"绿色发展"的宣传，近期内成立的企业会受到社会的影响，具有更环保的企业行为；成立时间大于50 年的企业已经具备长远发展的战略目标，将环保理念融入到企业发展中，因此具备更好的环境行为；而成立时间处于中期阶段的企业会由于发展的财务状况等因素限制其企业环境行为的实施。

表 4-9　不同存续时间企业环境行为得分情况表

存续时间	极小值	极大值	标准差	均值
0 年至 3 年	12.08	20.14	2.12	18.14
4 年至 10 年	4.03	20.14	3.86	16.83
11 年至 50 年	4.03	20.14	3.41	17.17
50 年以上	11.48	20.14	2.59	17.93

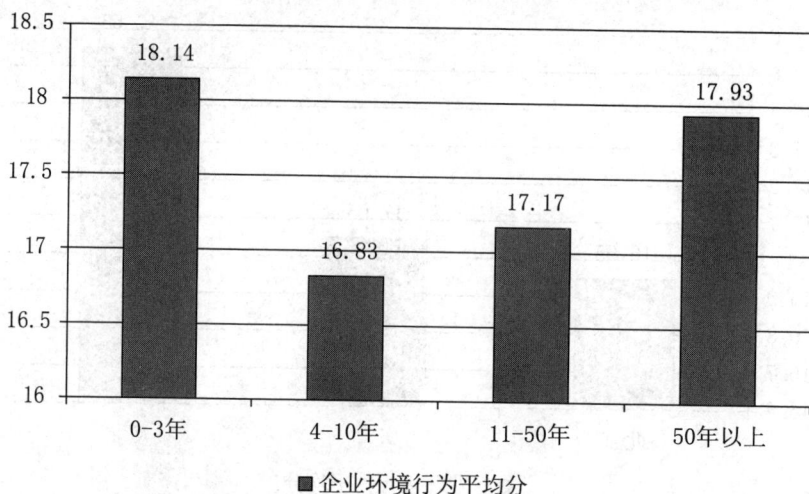

图 4-3　不同存续时间企业环境行为得分平均值

（3）按企业性质比较

表 4-10 为不同性质企业环境行为得分情况表，图 4-4 描述了不同性质的企业环境行为得分情况，如图所示国有及国有控股和股份制企业的得分较高，分别为 18.09 和 17.13；外资企业、民营企业的得分较低，均小于 17 分，由此可见不同性质的企业对于国家政策落实情况存在差异。由于外资企业与民营企业更关注自身经济利益最大化，在承担社会责任方面并没有将其与企业经营理念相融合。

表 4-10　不同性质企业环境行为得分情况表

企业性质	极小值	极大值	标准差	均值
股份制企业	8.06	20.14	2.34	17.13
国有及国有控股	5.86	20.14	2.49	18.09
外资企业	5.09	20.14	4.10	16.65
民营企业	4.03	20.14	3.93	16.81

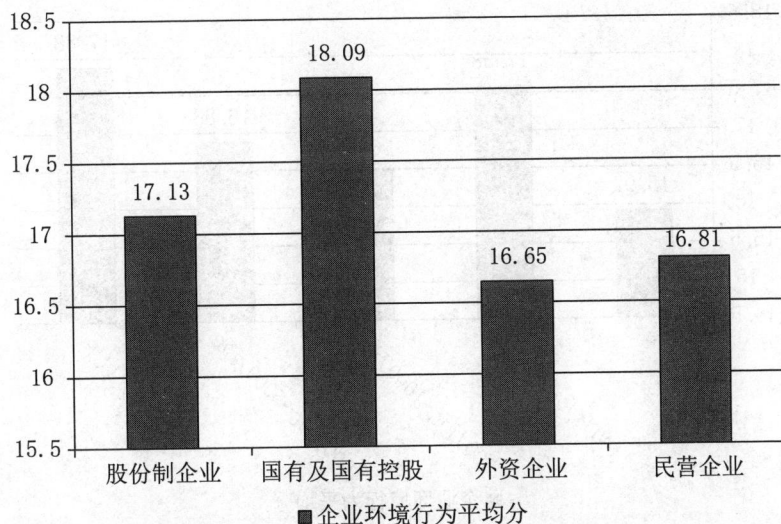

图 4-4　不同性质企业环境行为得分平均值

（4）按企业规模比较

本研究通过企业近三年年均营业收入衡量企业规模情况，表 4-11 为不同规模企业环境行为得分情况表，如图 4-5 所示年均营业收入 5000 万元以上的企业环境行为表现最好为 17.88 分，年均营业收入 100 万元以下的企业环境行为得分最低为 15.92 分。整体来看，随着企业规模的扩大，企业对于其环境影响更为关注。规模小的企业在市场中占有份额小，其行为并不能在社会中产生重大的影响；而规模越大的企业会更加关注其在市场中的企业形象及相应的品牌效应，为了维护其声誉会更加注重企业在社会中的影响，进而加强对于企业环境的管理。

表 4-11　不同规模企业环境行为得分情况表

企业规模	极小值	极大值	标准差	均值
100 万元以下	4.03	20.14	5.29	15.92
100 万元~500 万元	11.71	20.14	2.74	17.58
500 万元~1000 万元	8.78	20.14	3.43	16.48
1000 万元~5000 万元	8.35	20.14	2.88	16.88
5000 万元以上	4.03	20.14	2.88	17.88

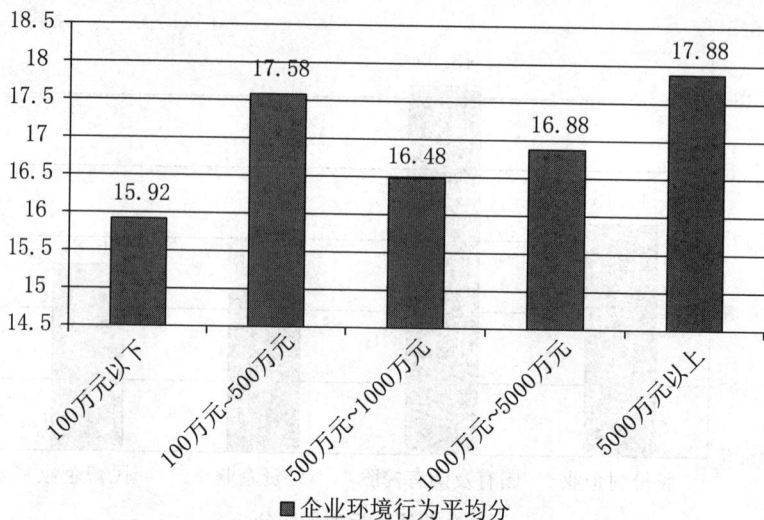

图4-5　不同规模企业环境行为得分平均值

4.5 京津冀企业环境行为驱动因素实证分析

4.5.1 问卷信度及效度检验

京津冀企业环境行为驱动因素部分的问卷信度检验采用 Cronbach α 系数法，通常来说 α 系数越高，相应量表的可信度就越高。根据相关统计学知识，当 α 系数大于 0.7 时属于可以接受的范围，此时问卷具有较高的信度；而当 α 系数小于 0.35 时，则要拒绝相关问卷。

本篇共提出 5 个可能影响京津冀地区企业环境行为的驱动因素，根据因素的来源可分为外部因素和内部因素。其中，外部因素包括环境规制、利益相关者态度；内部因素包括财务状况、治理结构、企业雇员环保意识。根据对回收的 315 份样本问卷进行分析，检测各驱动因素对应量表的信度，结果如表4-12 所示。企业雇员环保意识的 α 值最高是 0.937，接下来是利益相关者态度和财务状况。环境规制和治理结构相比 α 值略低，但均大于 0.7 也具有较高信度，且总量表 α 值为 0.953，整体内部一致性较高，因此在分析影响因素时将每项影响因素观测值用平均数代替。

表 4-12 信度检验结果

项目	极小值	极大值	均值	标准差	A
环境规制					0.767
B19 本省/市政府对企业实施的环境政策越来越严格。	1	5	4.53	0.868	
B20 近年来，违反环境部门相关政策所遭受惩罚的力度越来越强。	1	5	4.42	0.959	
B21 企业因实施环境行为获得过政府补贴或社会奖励。	1	5	3.84	1.243	
B22 企业因环境治理获得税收优惠。	1	5	3.89	1.208	
财务状况					0.821
B23 企业经济状况良好，资金可自由支配。	1	5	4.3	1.033	
B24 企业年收入在同行业中属于领先水平。	1	5	4.14	1.005	
B25 企业可在需要时获得银行等金融机构融资。	1	5	4.11	1.048	
治理结构					0.784
B26 本公司的股权结构较为集中。	1	5	4.27	0.881	
B27 与同行业其他公司相比，本公司董事会规模较大。	1	5	3.64	1.364	
B28 与同行业其他公司相比，企业独立董事的人数较多。	1	5	3.52	1.394	
企业雇员环保意识					0.937
B29 管理层认同企业的环保投入虽提高生产成本，但会更有利于企业发展。	1	5	4.26	1.014	
B30 管理层认同积极参加环保活动会因此提升企业形象。	1	5	4.31	0.996	
B31 管理层认同绿色战略，在决策时倾向于更为环保的方案。	1	5	4.26	1.039	
B32 企业会对员工进行环保知识普及，定期组织绿色讲座。	1	5	4.01	1.172	
B33 员工了解企业的环保理念，并积极参与环境行为。	1	5	4.17	1.080	
B34 员工在生产中注重污染等给自身健康带来的危害。	1	5	3.99	1.200	
利益相关者态度					0.902
B35 本企业相关消费者更趋于选择更为环保的产品。	1	5	4.23	1.028	

项目	极小值	极大值	均值	标准差	A
B36 投资者更关注企业社会责任报告。	1	5	4.18	1.067	
B37 企业关注周边居民对企业环境问题的态度。	1	5	4.23	1.062	
总量表					0.953

对 315 个有效样本数据进行效度检验，如表 4-13 中结果所示，样本数据 KMO 值为 0.947，且球形度检验结果中 sig 小于 0.05，说明该有效样本具有很高的效度。

表 4-13　京津冀企业环境行为驱动因素 KMO 和 Bartlett 检验

KMO 值		0.947
	近似卡方	5024.431
Bartlett 的球形度检验	Df	171
	Sig.	0.000

4.5.2　确定分析变量

本问卷的第四部分调查的是京津冀企业环境行为的驱动因素，分别为外部因素的环境规制、利益相关者态度，及内部因素的财务状况、治理结构、企业雇员环保意识。

通过上一节的检验，在分析影响因素时将每项影响因素观测值用平均数代替。对于围绕着 5 个变量展开的检验，我们得到如下的描述性统计结果，如表 4-14 所示。

表 4-14　变量描述性统计结果

变量	样本量	极小值	极大值	均值
环境规制	315	1	5	4.17
财务状况	315	1.33	5	4.18

续表

变量	样本量	极小值	极大值	均值
治理结构	315	1	5	3.81
企业雇员环保意识	315	1	5	4.17
利益相关者态度	315	1	5	4.22

4.5.3 问卷自评偏好检验

在进行相关性分析和回归分析前，首先检验样本问卷是否具有自评偏好的情况。本问卷影响因素部分将通过主成分分析法来判断是否存在自评偏好情况，结果如表4-15所示，特征值第一的主因子方差解释量为31.8%，并不会解释大部分变量，因此不存在自评偏好问题，可进一步进行各驱动因素与京津冀企业环境行为相关性分析与回归分析。

表4-15　主成分分析结果

成分	初始特征值			提取平方和载入		
	合计	方差的%	累积%	合计	方差的%	累积%
1	10.751	56.586	56.586	6.050	31.844	31.844
2	1.573	8.281	64.867	2.922	15.380	47.224
3	1.143	6.015	70.882	2.252	11.855	59.079
4	.853	4.490	75.372	1.915	10.081	69.160
5	.706	3.716	79.088	1.886	9.928	79.088
6	.560	2.947	82.035			
7	.469	2.469	84.504			
8	.411	2.163	86.667			
9	.360	1.893	88.560			
10	.319	1.678	90.238			
11	.310	1.630	91.868			
12	.235	1.237	93.105			

续表

成分	初始特征值			提取平方和载入		
	合计	方差的%	累积%	合计	方差的%	累积%
13	.222	1.171	94.276			
14	.218	1.147	95.424			
15	.205	1.079	96.502			
16	.194	1.023	97.525			
17	.173	.912	98.436			
18	.154	.811	99.247			
19	.143	.753	100.000			

4.5.4 相关性分析

为研究京津冀企业环境行为驱动因素，首先对 5 个可能驱动京津冀企业实施企业环境行为的因素与企业环境行为评价结果进行相关性分析，从而判断其相关性，分析结果如表 4-16。

在检验相关性时，如果得到的相关系数在 0.8 至 1 区间内，说明该变量间高度相关，如果在 0.5 至 0.8 之间说明显著相关，在 0.3 至 0.5 区间内代表低度相关。本检验结果表明，利益相关者态度的相关系数为 0.806 大于 0.8，与企业环境行为高度相关；环境规制、财务状况、企业雇员环保意识与治理结构的相关系数均介于 0.5 至 0.8 之间，说明这些变量与企业环境行为有显著相关关系。

表 4-16　相关性分析结果

	S1	环境规制	财务状况	治理结构	企业雇员环保意识	利益相关者态度
S1	1					
环境规制	.753**	1				
财务状况	.721**	.677**	1			
治理结构	.523**	.556**	.633**	1		

	S1	环境规制	财务状况	治理结构	企业雇员 环保意识	利益相关 者态度
企业雇员环保意识	.794**	.749**	.745**	.597**	1	
利益相关者态度	.806**	.716**	.721**	.506**	.898**	1

4.5.5 回归分析

在对京津冀企业环境行为驱动因素进行回归分析时，将京津冀地区企业环境行为得分作为因变量，上述五个驱动因素为自变量，构建多元回归模型。见公式 4-7。

$$EB = \beta_{0+}\beta_1 ER + \beta_2 FS + \beta_3 GS + \beta_4 EAEP + \beta_5 AS + \varepsilon \quad\cdots\cdots\cdots\cdots\cdots\cdots \text{（公式 4-7）}$$

表 4-17　变量说明表

变量类型	变量名称	符号
被解释变量	企业环境行为	EB
解释变量	环境规制	ER
	财务状况	FS
	治理结构	GS
	企业雇员环保意识	EAEP
	利益相关者态度	AS

经检验，多元相关系数 R 为 0.862，可决系数 R 方为 0.734。具体回归结果如表 4-18 所示，其中治理结构的 p 值分为 0.441，大于 0.05，故没有通过 t 检验，予以剔除。环境规制、财务状况、企业雇员环保意识和利益相关者态度均通过了检验，是京津冀企业环境行为的主要驱动因素。

表 4-18　回归分析结果

	非标准化系数		标准系数	t	Sig
	B	标准误差			
（常量）	2.710	0.526		5.152	0.000

续表

	非标准化系数		标准系数	t	Sig
	B	标准误差			
环境规制	0.988	0.185	0.245	5.341	0.000
财务状况	0.610	0.183	0.161	3.340	0.001
治理结构	−0.095	0.124	−0.030	−0.771	0.441
企业雇员环保意识	0.715	0.261	0.203	2.738	0.007
利益相关者态度	1.248	0.237	0.306	5.270	0.000

4.5.6 假设检验与分析

通过对回归结果（见表 4-16 和表 4-18）进行整理与分析，得出本篇提出假设的检验结果，如表 4-19 所示。通过对京津冀地区 315 家企业的问卷调查结果分析，通过检验的有假设 1、假设 2、假设 4 和假设 5，假设 3 没有通过检验。

假设 1：环境规制与京津冀企业环境行为的相关系数为 0.753，回归系数 0.245，且 t 检验结果在 0.05 水平上显著，P 值小于 0.05，可以得出环境规制是驱动京津冀地区企业实施环境行为的重要因素，对企业的环境规制与环境行为呈显著正相关，规制越强，受压下的企业越会积极实施环境行为。

假设 2：企业财务状况与京津冀企业环境行为的相关系数为 0.721，回归系数 0.161，且 t 检验结果在 0.05 水平上显著，P 值小于 0.05，可以得出财务状况是驱动京津冀地区企业实施环境行为的重要因素，且与环境行为显著正相关。企业所处财务状况良好时，会更加注重将更多的资金投入到环境管理当中，此时企业的环境行为更加积极。

假设 4：企业雇员环保意识与京津冀企业环境行为的相关系数为 0.794，回归系数 0.203，且 t 检验结果在 0.05 水平上显著，P 值小于 0.05，可以得出企业雇员环保意识是驱动京津冀地区企业实施环境行为的重要因素，且与环境行为正相关。企业雇员是企业实际生产经营的主体，其环保意识强，在生产中会更注重环境保护，会将企业的环境行为往正确的方向推动，因此企业雇员环保意识越强，企业环境行为越好。

假设 5：利益相关者态度与京津冀企业环境行为的相关系数为 0.806，回归系数 0.36，且 t 检验结果在 0.05 水平上显著，P 值小于 0.05，可以得出利益相关者态度是驱动京津冀地区企业实施环境行为的重要因素，且与环境行为显著正相关。企业在市场竞争当中越来越重视利益相关者的态度，投资者、消费者或企业周边居民的环境态度也会间接引导企业对环境管理的态度，因此，利益相关者对环境的关注会驱动企业实施环境行为，利益相关者越关注环保，企业更倾向于积极实施良好的环境行为。

假设 3：治理结构与京津冀企业环境行为的相关系数为 0.523，回归系数 -0.030，未通过 t 检验。相关系数表明治理结构与京津冀地区企业环境行为具有较高的相关性，然而未通过回归检验说明其并不是驱动京津冀地区企业环境行为的重要因素。造成这一结果可能是由于本研究所收集到的样本问卷中，国有或集体企业约 80 家，占比不足三分之一，受访企业股权结构没有表现出明显的特点，因此导致检验结果不显著。在今后的研究中，可以针对股权结构进行细分，展开更具针对性的调查。

表 4-19　假设检验结果汇总

	理论假设	检验结果
假设 1	环境规制是京津冀地区企业环境行为的驱动因素之一，环境规制越强，越能促使企业采取更加积极主动的环境行为。	成立
假设 2	财务状况是京津冀地区企业环境行为的驱动因素之一，财务状况越好的企业越倾向采取积极的环境行为。	成立
假设 3	治理结构是京津冀地区企业环境行为的驱动因素之一，股权集中度越高、董事会规模越大的企业越倾向采取积极的环境行为。	不成立
假设 4	企业雇员环保意识是京津冀地区企业环境行为的驱动因素之一，企业雇员环保意识强的企业越倾向采取积极的环境行为。	成立
假设 5	利益相关者是京津冀地区企业环境行为的驱动因素之一，利益相关者对环境保护的需求会促进企业采取积极的环境行为。	成立

结论与展望

5.1 研究结论

本研究以京津冀企业为对象进行调查，通过对 315 个样本数据进行分析，评价其企业环境行为。本篇借助因子分析法，通过环保运营、环境管理、环保成果、环保投资及环境信息披露等五方面对京津冀企业环境行为进行评价。从计算结果可以看出，河北省的企业环境行为得分较高，说明河北地区制造业企业对于自身的环境行为更为关注。从企业存续时间方面来看，新成立及成立时间大于 50 年的企业环境行为表现最为优秀，而成立 4 年至 10 年的企业对其环境行为的重视程度最低。从企业性质来看，股份制企业和国有及国有控股企业的环境行为明显好于其他类型企业，说明这两类企业在践行政府生态文明政策方面表现更为突出。企业规模方面，年均营业收入 100 万元以下的企业其环境行为评分最低，大于该规模的企业环境行为普遍较好，其中年均营业收入大于 5000 万元的企业环境行为得分最高，说明规模越大的企业会更重视企业的可持续发展，将环保理念融入到公司的发展战略中。

本篇先对假设中的五个可能影响京津冀企业环境行为的驱动因素进行相关性检验，结果表明 5 个因素均具有较高的相关性。接下来，运用回归分析的方法分析上述 5 个驱动因素与京津冀企业环境行为的关系。在进行 t 检验的过程中发现，治理结构的 p 值大于 0.05，这个假设被拒绝。综上，得出京津冀企业环境行为的主要驱动因素为环境规制、财务状况、企业雇员环保意识和利益相关者态度。

5.2 政策建议

根据本篇第4章的京津冀企业环境行为调查及回归结果，未来应从强化政府环境规制、企业树立绿色发展理念和推进京津冀地区环境协同治理三个方面进行改进。

（1）强化政府环境规制。本研究证实了环境规制是京津冀企业环境行为的重要驱动因素。环境规制分为命令手段和激励手段两类方式，政府应从这两方面加强对于企业环境行为的整治。一方面，政府应建立更为科学的环境规制体系。命令型环境规制可以对企业产生最为直接的威慑效应，违反相应的法律规章就会受到相应的惩罚，这就使企业不得不考虑其生产经营活动对环境的影响，从而约束企业的环境行为。另一方面，政府应加强政策激励。对持续改进企业环境行为的企业应及时进行相应的激励，鼓励其保持对绿色行为的坚持。政府可以设立相应的绿色信用等级，对环境行为良好的企业在招商引资、银行信贷等方面提供绿色通道；鼓励企业在发展的同时兼顾社会生态责任，对环保投入与营业收入占比高的企业减免部分税费。

（2）企业树立绿色发展理念。企业为了获得在市场上的可持续发展，就要在追求经济利润的同时承担起对于社会的环保责任。首先，企业应端正对生态保护的认识，理解可持续发展的深刻意义。在推崇绿色发展的社会风气下，只有真正理解"绿色发展"的核心内涵才能在市场中获取核心竞争力。在进行环保投入时，企业要转变传统思想，将外部的环境压力转化为企业的竞争优势，满足利益相关者对于环境的关注，使企业在效益与责任方面实现共同发展。其次，加强对企业管理者和员工的环保教育。本研究发现企业雇员环保意识是京津冀地区企业环境行为的重要驱动因素，今后企业应加强对管理层环保意识的灌输，促使其在进行决策及制定公司战略时融入环保理念。同时，企业应建立日常环境管理岗位，开展企业环境教育活动或定期培训，让企业绿色发展战略得到深入贯彻。再次，端正环境信息披露态度。目前京津冀地区已做到及时、准确披露社会责任报告的企业比例并不高，且部分企业环境信息披露内容过于简单。环境信息的披露一方面可以将企业内部为保护环境所做的贡献传达给外部信息使用者，另一方面也可以为政府、环保局等相关部门提供相应环境数据，在成为推进环保工作助力的同时起到与政府建立互利共治的良好桥梁，最终为企业的持续发展奠定基础。

（3）推进京津冀地区环境协同治理。通过对京津冀三地区企业环境行为现状的梳理，可以发现三地区在企业环境治理中表现出的各自特点。为更好地推进京津冀一体化的顺利进行，在环境治理过程中应发挥区域共治的优势，在协同发展中实现优势互补。一方面，调整产业结构。北京地区作为我国的首都发挥着政治、文化、创新等复合型功能，可将传统制造业逐步向河北地区迁移。通过分地区对企业环境行为得分进行对比，河北省作为传统制造业发达的地区，所属企业相较其他地区更为注重企业环境行为的管理。将传统制造业迁入河北地区不仅更便于政府或环保部门对于企业环境行为的治理，同时也能促进制造业行业整体提升其企业环境行为。另一方面，推进环境联控，加大对于环境的监控。京津冀三地环保部门已经签署了《京津冀区域环境保护率先突破合作框架协议》，明确了十个方面的突破口，增强环境联控。这就要求京津冀地区继续完善环境联控机制，陆续出台环境联控标准与法规，加强对环境联控的监管与信息披露平台，统一规划、统一标准、统一监测，打破地域限制，构建更好的"首都圈"。

5.3 研究局限与展望

由于研究存在数据获取、对象选取等方面的局限，数据分析及回归结果可能会存在一定的偏差，望后续研究能在以下方面进行有针对性的改进。

（1）数据获取的局限性。本篇针对京津冀企业环境行为驱动因素的调查采用问卷调查法，由于人力和时间的限制，仅通过网络问卷的形式展开，获取的数据可能不够深入和全面。因此，未来在进一步研究的过程中可以丰富调查方式，如增加实地考察、走访问谈等形式，全面地研究企业环境行为的驱动因素并对企业环境行为进行评价。

（2）研究对象的局限性。本研究针对京津冀地区的企业，在选取研究对象时，考虑到各地区的现实情况及可操作性选取了以对环境影响较大的制造业企业为主的研究对象进行调查。然而，京津冀地区尤其是北京地区的企业类型十分丰富，除制造业企业外也都会对环境产生一定的影响，导致本研究结果的代表性减弱。在今后的研究中可以扩大研究范围，将其他行业也加入到研究范围当中，分行业提出京津冀企业环境行为的驱动因素。

（3）考量指标的局限性。目前，有关企业环境行为并没有一套科学、详细的评价体系，因此在对京津冀地区企业环境行为评价时选取的指标不一定能完全准确地衡量企业环境行为的实际情况。因此，可以在今后对企业环境行为评价体系进行深入的研究，建立更科学、合理的指标体系，为企业环境行为的研究奠定基础。

参考文献

[1] Carroll, A. B. , "A Three-Dimensional Conceptual Model of Corporate Social Performance", *Academy of Management Review*, 1979, 4 (4): pp. 497-505.

[2] Schwartz, M. S. & Carroll, A. B. , "Corporal Social Responsibility: A Three Domain Approach", *Business Ethics*, 2003, 13 (4): pp. 233-245.

[3] Wood, D. J. , "Corporate Social Performance Revisited", *Academy of Management Review*, 1991, 16 (4): pp. 691-718.

[4] Earnhart D. , "Regulatory Factors Shaping Environmental Performance at Publicly-Owned Treatment Plants", *Journal of Environmental Economics and Management*, 2004, 48 (1): pp. 655-681.

[5] Parker, C. , Nielsen, V. L. , "Corporate Compliance Systems: could They Make Any Difference?", *Administration&Society*, 2009, 41 (1): pp. 3-37.

[6] Stalley, P. , "Can Trade Green China Participation in the Global Economy and the Environmental Performance of Chinese Firms?", *Journal of Contemporary China*, 2009, 18 (61): pp. 567-590.

[7] Scholtens, B. , "Finance as a Driver of Corporate Social Responsibility", *Journal of Business Ethics*, 2006, 68 (1): pp. 19-33.

[8] Khanna, M. et al. , "Toxics Release Information: A Policy Tool for Environmental Protection", *Journal of Environmental Economics and Management*, 1998, 36 (3): pp. 324-366.

[9] Taked, F. , Tomozawa T. , "A Change in Market Responses to the Environmental Management Ranking in Japan", *Ecological Economics*, 2008, 67 (3): pp. 465-472.

[10] Hayami, Y. , "Assessment of the Green Revolution in Eicher", Staatz J eds. , *Agricultural Development in the Third World*, Baltimore Md, The Johns Hopkins University Press, 1984.

[11] Stanojevic, M. , Vranes, S. , Goekalp I. "Green accounting for greener energy", *Renewable and Sustainable Energy Reviews*, 2010, 14 (9): pp. 2473-2491.

[12] Blanco, E. , Rey-Maquieira J. , Lozano J. , "The Economic Impacts of Voluntary

Environment Performance of Firms：A Critical Review"，*Journal of Economic Surveys*，2009，23（3）：pp. 462-502.

［13］Gregory Theyel，"Management Practices for Environmental Innovation and Performance"，*International Journal of Operations&Production Management*，2000，20（2）：pp. 145-151.

［14］Mark Cordano，Irene Hanson，Frieze，"Pollution Reduction Preferences of U. S. Environmental Managers：Applying Ajzen's Theory of Planned Behavior"，*Academy of Management*，2000，43（4）：pp. 627-641.

［15］Branzei，O. et al.，"The Formation of Green Strategies in Chinese Firms：Matching Corporate Environmental Responses and Individual Principals"，*Strategic Management Journal*，2004，25（11）：pp. 1075-1095.

［16］周曙东："企业环境友好行为驱动因素的实证分析"，载《系统工程》2011 年第 8 期，第 112~118 页。

［17］陈兴荣、刘鲁文、余瑞祥："企业主动环境行为驱动因素研究——基于 PANEL-DATA 模型的实证分析"，载《软科学》2014 年第 3 期，第 56~60 页。

［18］陈怡秀、胡元林："重污染企业环境行为影响因素实证研究"，载《科技管理研究》2016 年第 13 期，第 260~266 页。

［19］王凤、程志华："员工环境行为对企业环境行为影响的实证研究"，载《西北大学学报（哲学社会科学版）》2015 年第 2 期，第 135~139 页。

［20］张劲松："资源约束下企业环境行为分析及对策研究"，载《企业经济》2008 年第 7 期，第 33~37 页。

［21］陶岚、郭锐："企业环境管理行为的驱动因素分析——基于制度合法性理论"，载《理论月刊》2013 年第 12 期，第 137~141 页。

［22］邹伟进、裴宏伟、王进："基于委托代理模型的企业环境行为研究"，载《中国人口·资源与环境》2014 年第 1 期，第 51~54 页。

［23］李朝芳："企业环境行为的价值实现机理研究—基于制度环境的过程分析"，载《技术经济与管理研究》2015 年第 2 期，第 52~56 页。

［24］姚圣："环境会计控制与企业环境业绩关系研究"，载《管理学报》2010 年第 8 期，第 1215~1220 页。

［25］杨家亲："浅论企业环境成本管理与环境投资决策"，载《经济问题》2005 年第 9 期，第 27~28 页。

［26］秦颖、武春友、徐光："企业行为与环境绩效之间关系的相关性分析与实证研究"，载《科学学与科学技术管理》2004 年第 2 期，第 129~132 页。

［27］贺震、倪艳玲："江苏：企业环境行为评价助推绿色信贷"，载《环境保护》2010 年第 22 期，第 22~24 页。

［28］周英男、李振华：“上市公司环境行为评价模型研究”，载《中国人口·资源与环境》2014年第2期，第200~203页。

［29］罗文兵、刘爱东、邓明君：“我国重污染行业上市公司环境经营等级评价研究构思”，载《中南大学学报（社会科学版）》2013年第1期。

［30］Hines, J. M., Hungerford, H. R., "Analysis and Synthesis of Research on Responsible Environmental Behavior: A Meta-Analysis", *Journal of Environmental Education*, 1986, 18 (2): pp. 1-8.

［31］Sarkar, R., "Public Policy and Corporate Environmental Behavior", *Corporate Social Responsibility & Environmental Management*, 2008, 15 (5): pp. 281-297.

［32］王凤、王爱琴：“企业环境行为研究新进展”，载《经济学动态》2012年第1期，第124~129页。

［33］周曙东：“两型社会建设中企业环境行为的驱动力研究”，载《求索》2013年第5期，第29~31页。

［34］Wheeler, D., Maria, S., "Including the Stakeholders: the Business Case", *Long Range Planning*, 1998, 31 (2): pp. 201-210.

［35］赵领娣、巩天雷：“浅谈企业环境战略制约因素”，载《中国标准化》2003年第12期，第57~60页。

［36］彭海珍："影响企业绿色行为的因素分析"，载《暨南学报（哲学社会科学版）》2007年第2期，第53~58页。

［37］Gray, W. B., Shadbegian R. J., "When and Why Do Plants Comply? Paper Mills in the 1980s", *Law and Policy*, 2005, 27 (2): pp. 238-261.

［38］Fronde, M., Horbach, J., Rennings, K., "End-of-pipe or Cleaner Production? An Empirical Comparison of Environmental Innovation Decisions Across OECD Countries", *Business Strategy and the Environment*, 2007, 16 (8): pp. 571-584.

［39］Sue E. S. Crawford, Elior Ostrom, "A Grammar of Institutions", *American Political Science Review*, 1995, 89 (3), pp. 582-599.

［40］郭毅等："营销渠道中的制度环境"，载《广东商学院学报》2006年第1期，第15~22页。

［41］Qi G, Zeng S, Li X, et al., "Role of Internalization Process in Defining the Relationship between ISO 14001 Certification and Corporate Environmental Performance", *Corporate Social Responsibility and Environmental Management*, 2012, 19 (3): pp. 129-140.

［42］Hart, S., "A Natural-Resource-Based View of the Firm", *Academy of Management Review*, 1995, 20 (4): pp. 986-1014.

［43］Papagiannakis, G., Lioukas, S., "Values, attitudes and perceptions of managers as predictors of corporate environmental responsiveness", *Journal of Environmental Management*, 2012, 100: pp. 41-51.

［44］Hart, S. L. ,"Beyond Greening: Strategies for a Sustainable World", *Harvard Business Review*, 1997, 75（1）: p. 66.

［45］张倩、曲世友："环境规制下政府与企业环境行为的动态博弈与最优策略研究"，载《预测》2013 年第 4 期，第 35~40 页。

［46］关劲峤、黄贤金、刘晓磊、刘红明、陈雯："太湖流域印染业企业环境行为分析"，载《湖泊科学》2005 年第 4 期，第 351~355 页。

［47］赵娜："公司治理与企业社会责任关系研究"，华东师范大学 2009 年硕士学位论文。

［48］和苏超、黄旭、陈青："管理者环境认知能够提升企业绩效吗——前瞻型环境战略的中介作用与商业环境不确定性的调节作用"，载《南开管理评论》2016 年第 6 期，第 49~57 页。

［49］Robertson, L. , Barling, J. , "Greening Organizations Through Leaders' Influence on Employees' Pro-Environmental Behaviors", *Journal of Organizational Behavior*, 2013, 34（2）: pp. 47-63.

［50］卢秋声、干胜道："基于利益相关者预期的企业环境会计信息披露研究"，载《广西社会科学》2015 年第 11 期，第 76~83 页。

京津冀企业环境行为驱动因素调查问卷

尊敬的先生/女士：

您好！感谢您能抽取宝贵的时间填写本份问卷，本人为北方工业大学经济管理学院的硕士研究生，目前正处于学位论文的研究阶段。该问卷属于"京津冀企业环境行为驱动因素分析"研究的重要组成部分，特向您了解相关情况。本问卷答案无对错之分，请您根据实际情况填写，调查结果仅做研究之用，不会用于其他商业用途，我们会对问卷结果进行严格的保密，再次感谢您的配合！

填写说明：本问卷共37题，请您认真阅读每一选项后，选择与您企业最为贴近的一项，并在选项前方的□内打√。

一、企业基本情况

1. 企业名称：
   所属省/市：□北京　□天津　□河北
2. 企业存续时间：□0-3年　□4-10年　□11-50年　□50年以上
3. 企业所属行业：□制造业　□其他（请注明）
4. 企业类型：□国有及国有控股　□民营企业
   □股份制企业　□外资企业
5. 企业近三年的年均营业收入（单位：人民币）：
   □100万元以下　□101-500万元　□500-1000万元
   □1000-5000万元　□5000万元以上
6. 您在企业中的职位是：□高级管理人员　□其他管理人员
7. 您的性别是：□男　□女

二、企业环境行为实施情况

8. 企业针对环保设备与排污设备进行投资。

   □完全符合　　□基本符合　　□不确定　　□基本不符合　　□完全不符合

9. 企业增加环保技术的研发投资。

   □完全符合　　□基本符合　　□不确定　　□基本不符合　　□完全不符合

10. 在生产中避免使用污染大的材料。

    □完全符合　　□基本符合　　□不确定　　□基本不符合　　□完全不符合

11. 企业更倾向使用环保材料进行生产。

    □完全符合　　□基本符合　　□不确定　　□基本不符合　　□完全不符合

12. 企业优先使用可再生或低污染能源。

    □完全符合　　□基本符合　　□不确定　　□基本不符合　　□完全不符合

13. 企业设置了相应的环境绩效指标。

    □完全符合　　□基本符合　　□不确定　　□基本不符合　　□完全不符合

14. 企业制定了相关环境管理制度。

    □完全符合　　□基本符合　　□不确定　　□基本不符合　　□完全不符合

15. 企业的战略目标中，是否提到环保理念。

    □完全符合　　□基本符合　　□不确定　　□基本不符合　　□完全不符合

16. 企业取得环保认证，如 ISO14001 等。

    □完全符合　　□基本符合　　□不确定　　□基本不符合　　□完全不符合

17. 与政府开展环境合作项目。

    □完全符合　　□基本符合　　□不确定　　□基本不符合　　□完全不符合

18. 企业定期对企业环境信息进行披露。

    □完全符合　　□基本符合　　□不确定　　□基本不符合　　□完全不符合

三、企业环境行为驱动因素

19. 本省/市政府对企业实施的环境政策越来越严格。

    □完全符合　　□基本符合　　□不确定　　□基本不符合　　□完全不符合

20. 近年来，违反环境部门相关政策所遭受惩罚力度越来越强。

    □完全符合　　□基本符合　　□不确定　　□基本不符合　　□完全不符合

21. 企业因实施环境行为获得过政府补贴或社会奖励。
    □完全符合　□基本符合　□不确定　□基本不符合　□完全不符合

22. 企业因环境治理获得税收优惠。
    □完全符合　□基本符合　□不确定　□基本不符合　□完全不符合

23. 企业经济状况良好，资金可自由支配。
    □完全符合　□基本符合　□不确定　□基本不符合　□完全不符合

24. 企业年收入在同行业中属于领先水平。
    □完全符合　□基本符合　□不确定　□基本不符合　□完全不符合

25. 企业可在需要时取得银行等金融机构融资。
    □完全符合　□基本符合　□不确定　□基本不符合　□完全不符合

26. 本公司的股权结构较为集中。
    □完全符合　□基本符合　□不确定　□基本不符合　□完全不符合

27. 与同行业其他公司相比，本公司董事会规模较大。
    □完全符合　□基本符合　□不确定　□基本不符合　□完全不符合

28. 与同行业其他公司相比，企业独立董事的人数较多。
    □完全符合　□基本符合　□不确定　□基本不符合　□完全不符合

29. 管理层认同企业的环保投入虽提高生产成本，但会更利于企业发展。
    □完全符合　□基本符合　□不确定　□基本不符合　□完全不符合

30. 管理层认同积极参加环保活动，会因此提升企业形象。
    □完全符合　□基本符合　□不确定　□基本不符合　□完全不符合

31. 管理层认同绿色战略，在决策时倾向于更为环保的方案。
    □完全符合　□基本符合　□不确定　□基本不符合　□完全不符合

32. 企业对员工会进行环保知识普及，定期组织绿色讲座。
    □完全符合　□基本符合　□不确定　□基本不符合　□完全不符合

33. 员工了解企业的环保理念，并积极参与环境行为。
    □完全符合　□基本符合　□不确定　□基本不符合　□完全不符合

34. 员工在生产中注重污染等给自身健康带来的危害。
    □完全符合　□基本符合　□不确定　□基本不符合　□完全不符合

35. 本企业相关消费者趋于选择更为环保的产品。
    □完全符合　□基本符合　□不确定　□基本不符合　□完全不符合

36. 投资者更关注企业社会责任报告。
    □完全符合　□基本符合　□不确定　□基本不符合　□完全不符合
37. 企业关注周边居民对企业环境问题的态度。
    □完全符合　□基本符合　□不确定　□基本不符合　□完全不符合

京津冀企业环境行为的综合评价

提 要

本篇以环境管理学理论、可持续发展理论、经济外部性理论为理论基础，通过梳理与分析国内外学者对于环境绩效、环境行为和环境管理等方面的研究成果，根据京津冀地区上市企业面临的环境问题以及三个地区主要产业分布比例的特点和城乡发展不均衡、三地区发展不均衡等地域特点，从环境管理水平、环境守法水平、节能减排情况、社会公众影响四个方面构建京津冀地区上市公司的环境行为评价指标体系，在前人研究的基础上具体设计 9 个二级指标来构建评价体系，根据指标搜集企业相关的环境信息并进行量化。应用层次分析方法确定评价指标权重，构建京津冀地区上市企业的综合评价模型，计算出得分，总结分析京津冀三个地区企业的环境管理情况。研究发现，三个地区中总分得分最高的为北京地区企业，得分为 60.53 分，其次为河北地区企业，得分为 60.05 分，最差的为天津地区企业为 54.92 分。造成三个地区企业之间得分不同的原因有两点：一是三个地区产业分布的差异；二是政府对三地区企业环境行为监管力度不同。为此本篇从政府和企业两个角度提出相关政策建议，来提高京津冀地区企业环境行为水平，让更多的企业自觉进行环境管理，做到经济效益与环境保护协调发展。

第1章

绪 论

1.1 研究背景与意义

2013 年至 2014 年两年期间，习近平多次提出，要推进京津冀一体化发展，促进京津冀协同发展。近几年来京津冀地区的经济得到了飞速发展，人们的生活水平也得到了极大的提高，但是随之而来的是环境污染问题日渐突出，并且已经严重威胁到人们日常的生产生活。企业的发展难免会对环境造成污染和破坏，这样不利于一个企业，甚至一个国家的可持续发展，所以应当重视企业带来的环境问题。随着生活水平的提高，公众对于生活和生产环境的要求也越来越高，与此同时公众自身的社会责任感和环保意识便会提高，这使他们了解企业环境行为信息的意愿越来越强烈，希望企业接受监督的愿望越来越迫切。因此需要将企业的相关环境信息进行披露，通过政府制定严谨科学的企业环境行为评价体系进行评级，将评价的结果以一定的形式向社会公开，为消费者、投资者和社会公众等利益团体进行决策提供基础。通过政府管制带来的政策的压力，媒体的报道带来的舆论压力，消费者选择产品带来的市场压力，投资者借贷责任带来的经济压力，影响、改善企业环境行为，将环境破坏行为转变为环境保护行为。除此之外，还可以帮助企业管理者制定环保措施，突出企业环境管理的重点以及关注企业的环境风险。要努力实现京津冀一体化发展，并且要努力避免京津冀"一体化污染"。那么如何更好地评价企业环境行为就成为当今研究的重点。

在目前经济发展与环境发展不相匹配的背景下，政府部门的重点工作是完善相关的法律法规，近几年来政府也做了相关方面的努力，通过制定环境方面相关的法律法规，调整京津冀地区产业结构，积极引进人才及绿色生产技术，促使企业加强环境治理，进而改善企业带来的环境影响。但是企业环境治理方面还有很大的提升空间，有些重污染企业还做不到绿色生产，甚至不能做到达标排放，更有甚者还私自设置排污管道，乱排乱放。由于政府的监管有限，不能及时发现这些问题，可以予以理解，但是在群众发现这些问题之后却无处投诉这些企业，甚至投诉之后相关部门不能及时处理，导致这几年由环境污染引发的纠纷和投诉事件越来越多，所以健全环境行为评价方面的法律法规是十分迫切的。对企业环境管理的监管不仅可以通过政府的法律法规来实现，还可以设定一定的环境行为评价机制，将评价结果公开，利用社会各界的监督来给企业施加压力，从而注重环境保护。让企业形成倡导绿色生产、倡导可持续发展的意识，在进行节能减排的同时加强企业员工的环保意识，让最了解生产过程的员工参与到企业的绿色生产中来，从源头解决企业污染问题。

本篇的理论意义在于：有利于促进企业环境行为及评价理论的完善与发展，为政府进行企业环境监管提供理论依据。国外在这方面的研究起步较早，成果较多，但是国内对企业环境行为的评价所做的研究较少，起步较晚，学者对企业，尤其是京津冀地区企业的环境行为研究更少，近些年来这方面的研究才有了较快发展，所以我国在企业环境行为的研究上还有很大的进步空间，需要以后学者的研究来不断地扩充。

本篇的实践意义在于：一是有利于京津冀地区企业的平稳长久发展。在京津冀地区开展企业环境行为评价，促进企业环境管理体系的完善，并且实现自然资源更高效的利用和三个地区资源的合理分配，促进三个地区协同发展。京津冀地区企业可以更好地利用此模型的评价作用，来实现三个地区企业的经济效益和环境保护的协同发展；二是有利于京津冀地区环境的保护、污染治理。随着近几年环境问题的严重恶化，尤其是京津冀地区长期处在雾霾污染之下，进行环境管理是企业的必行之路。虽然政府已经逐渐意识到企业是环境污染的主要源头，并开始关注企业带来的环境问题，但是企业自身的环保意识还比较薄弱，在环境保护方面和环境污染治理方面所做的努力还有极大的上升空间，本篇的研究有利于企业了解自身环境管理现状，进而改善自己的环境行为，提高资源利用率，达到治理污染的目的。

1.2 研究内容与方法

本篇所研究的主要内容为京津冀企业环境行为综合评价。在对前人研究内容进行梳理分析的基础上构建了指标体系，采用层次分析法确定指标权重，建立京津冀环境行为评价模型，并对京津冀三个地区上市企业进行评分，最后根据评分结果分析三地区企业急需改进之处，并提供相关政策建议。

1.2.1 研究内容

本篇主要分为五个部分：

（1）绪论。这部分首先介绍了本篇的研究背景与意义，然后对于本篇的研究内容和方法也进行了简单的介绍，最后说明了研究创新点。

（2）企业环境行为评价概述。这部分首先对企业环境行为和评价的概念进行了界定，并介绍了本篇进行研究所依据的理论基础。然后对企业环境行为的评价方法进行了整理，并分析其优缺点。最后对国内关于企业环境行为评价的研究成果进行梳理和学习，并给予了客观的评价。

（3）京津冀企业环境行为评价模型的构建。这一部分在理论分析的基础上，选取了企业环境行为评价的相关指标，并确定指标所占的比重，最后建立了本篇的评价模型。

（4）京津冀企业环境行为评价的数据分析。查看企业年度报告和社会责任报告，收集与京津冀企业环境行为相关的数据信息，选取京津冀地区企业环境信息样本数据，统计所发布项目信息，对各项目信息进行跟踪搜集并整理，进行了企业环境行为评价的实证研究，并对其实证结果进行了详细分析，得出三地企业环境行为的优势或缺陷。

（5）研究结论与建议。根据本篇第四部分的数据分析，在京津冀一体化的大背景下，协调区域差异，从政府和企业角度提出政策建议，从而优化京津冀企业的环境行为，实现区域经济的绿色和可持续发展。

1.2.2 技术路线

本篇按照以下技术路线进行研究：在梳理前人研究结论的基础上制定本

篇的评价模型，进而对京津冀三地区企业的环境行为进行研究，得出结论，并针对三个地区提出相关建议。

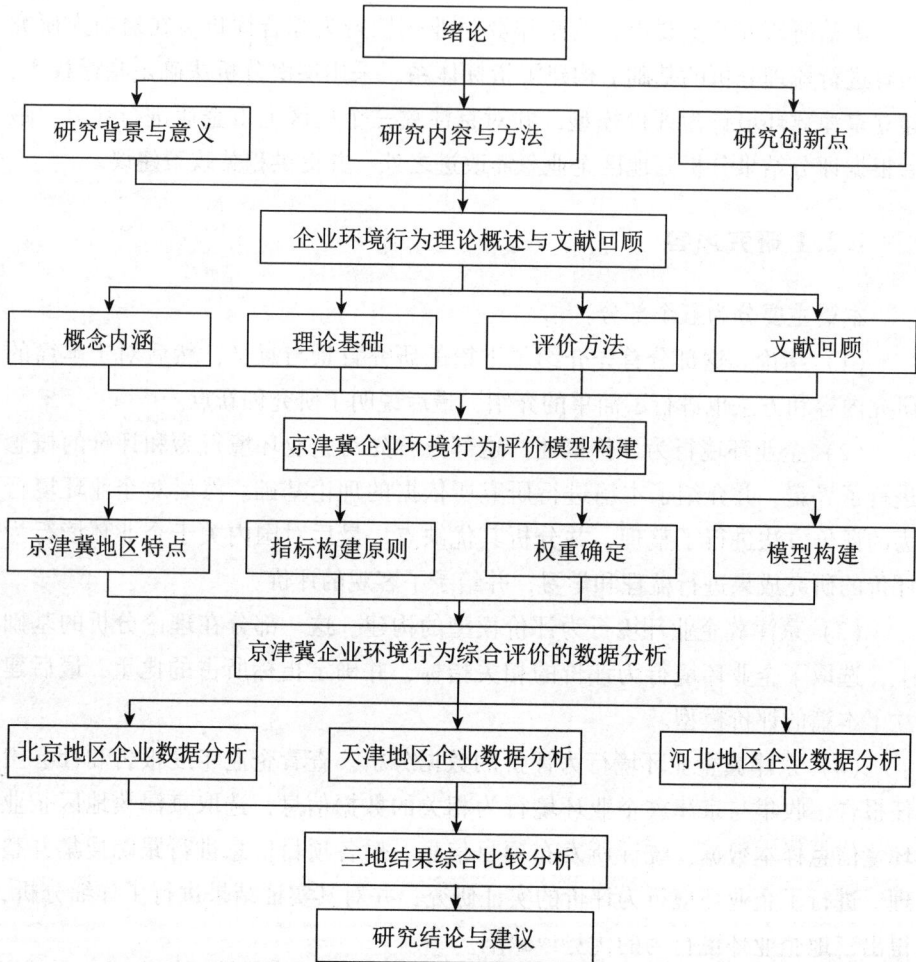

```
                        ┌─────────┐
                        │  绪论   │
                        └─────────┘
        ┌──────────────────┼──────────────────┐
┌───────────────┐  ┌───────────────┐  ┌───────────────┐
│ 研究背景与意义 │  │ 研究内容与方法 │  │  研究创新点   │
└───────────────┘  └───────────────┘  └───────────────┘
                ┌─────────────────────────────┐
                │ 企业环境行为理论概述与文献回顾 │
                └─────────────────────────────┘
    ┌──────────────┬──────────────┬──────────────┐
┌─────────┐  ┌─────────┐  ┌─────────┐  ┌─────────┐
│ 概念内涵 │  │ 理论基础 │  │ 评价方法 │  │ 文献回顾 │
└─────────┘  └─────────┘  └─────────┘  └─────────┘
            ┌─────────────────────────────┐
            │ 京津冀企业环境行为评价模型构建 │
            └─────────────────────────────┘
    ┌──────────────┬──────────────┬──────────────┐
┌───────────┐  ┌───────────┐  ┌─────────┐  ┌─────────┐
│京津冀地区特点│  │指标构建原则│  │ 权重确定 │  │ 模型构建 │
└───────────┘  └───────────┘  └─────────┘  └─────────┘
          ┌───────────────────────────────────┐
          │ 京津冀企业环境行为综合评价的数据分析 │
          └───────────────────────────────────┘
    ┌──────────────────┬──────────────────┐
┌─────────────────┐ ┌─────────────────┐ ┌─────────────────┐
│北京地区企业数据分析│ │天津地区企业数据分析│ │河北地区企业数据分析│
└─────────────────┘ └─────────────────┘ └─────────────────┘
            ┌───────────────────────┐
            │ 三地结果综合比较分析   │
            └───────────────────────┘
            ┌───────────────────────┐
            │   研究结论与建议       │
            └───────────────────────┘
```

1.2.3 研究方法

（1）文献研究法。通过对国家环保部门发布的环境保护文件和国内外学者研究的相关文献进行查阅、整理，对企业环境行为的发展现状有了初步了解，在此基础上总结出之前研究过程和研究结论的优缺点，为本篇后续的研究奠定了一定的基础。

（2）数据分析法。本篇使用数据分析的方法分析了本篇选取的京津冀企业环境行为指标，并以此来对京津冀地区企业环境行为进行打分，以进一步了解京津冀企业环境行为的现状和不足。通过数据分析也可以看到三个地区企业在某些环境行为上还有待改善。

（3）对比分析法。企业环境行为是一个复杂的问题，受很多因素的影响。尤其是京津冀三个地区的企业，受到三地区不同的国家政策、不同产业布局和内部经济发展不均衡的特点的影响。本篇最后对三地区企业环境行为评分的不同结果进行了对比分析，并提出相关政策建议。

1.3 研究创新点

企业环境行为问题是一个复杂的问题，既涉及财务指标也涉及非财务指标，本篇同时使用了定性分析和定量分析的方法，对企业环境行为的综合评价更加综合全面。为了降低定性分析的主观性影响，使结果更加科学客观，本篇使用了层次分析法来对每个指标进行权重确定，减少定性分析对于研究结果的影响，使得文章结果更加客观科学。

企业环境行为理论概述与文献回顾

2.1 企业环境行为及其评价的内涵

本章首先梳理前人对企业环境行为和企业环境行为评价的定义，并阐述了进行企业环境行为评价所依据的理论基础。然后又分析现阶段的政府或者学者进行企业环境行为评价时常用到的方法：层次分析法、平衡记分卡法、人工神经网络法、模糊评价法四种方法。分析这四种方法的优缺点及适用范围，从而确定本篇在进行京津冀企业环境行为评价时所用的评价方法为层次分析法，为本篇京津冀企业环境行为评价模型的建立奠定理论基础。

2.1.1 企业环境行为

学术界目前对于企业环境行为还没有一个明确的界定，"企业环境行为""企业绿色行为""企业亲环境行为"在一些文献中都曾出现。美国国家环保局将"企业环境行为"定义为企业出于自愿原则或者被强制采取的用来改善环境管理体系和治理污染的行为。[23] 欧盟委员会（2002）认为，企业环境行为是指企业本着自愿的原则，承诺为促进社会和环境目标而采取的行动。Chen 和 Yi（2010）在文章中将"企业绿色行为"定义为企业为治理所引发的环境问题而采取的各种措施，具体包括主动降低能源消耗、使用清洁生产技术、处理废弃物、采购生态友好型产品、减少废弃物排放和使用可再生产包装或者容器等。Steg 和 Vlek（2009）在文章中将"企业亲环境行为"定义为企业所做的有利于减轻对环境产生危害，或者是做出的对于环境有益的行为。[24] 以上的这些文献定义的企业环境行为基本都是企业做出的保护环境的行为，或者为了治理环境污染而做出的一些行为。本篇从两方面定义企业环境行为：一是企业在环境政策和外部公众压力的影响下，或者为了维护自身形象和增加自身价值，对环境污染所做的治理以及对环境污染预防而采取的措施；二是企业在单方面追求经济效益最大化的过程中，做出的忽略环境保护或者违反法律法规的行为。

企业的环境行为具有外部不经济性的特征，它既涉及企业外部状况，也贯穿于企业整个生产经营过程，所以企业必须承担相应的环境责任。为了规范企业的环境行为，引导企业承担其相应的责任和义务，国家开始出台相关法律规制企业环境行为。二十世纪九十年代之前企业对环境行为及问题的反应是被迫式的，主要依靠已颁布的法律法规来协调。各组织并没有十分看重企业生产经营过程中产生的环境问题。[25]到了九十年代以后，企业才越来越重视环境问题，越来越多的企业将环境事项纳入管理的范畴。发展到现在，公众不仅仅只关注一个企业的经济效益，而是将环境事项作为考察一个企业很重要的事项，开始更多地关注企业的环境行为。一些外部股东、投资者及债权人等对企业环境管理的关注程度正在不断增加。使得越来越多的企业开始披露相关的环境信息，来间接地表达企业想要可持续发展的决心和信心。并且如今的民众期望获得更加具体化和更加量化的环境行为信息，并不满足于有些企业只是对环境管理情况的泛泛而谈，或者只是进行文字性的描述，企业披露的这些信息会更直接地影响到投资者、债权人等利益相关者的决策。

2.1.2 企业环境行为评价

最早企业环境行为评价研究的内容是企业的环保行为带来的企业经济效益改变。这时的代表理论观点是新古典经济学静态理论，当时的专家学者们通过实证的方法分析了两者之间的关系：企业的经济效益会随着企业环境管制的增多而下降。[27]但是随之而来的动态经济学研究推翻了上述的观点，他们认为企业的环境管制行为会增加企业的经济效益。[28]因为企业在进行环境管制之后，会使企业的成本发生变化，也会使企业的环境行为发生变化，并使企业进行技术创新，从而增加企业生产力，提高盈利能力和利润率。[29]随着公众环保意识的提高，公众将对企业带来的环境影响的关注度置于首位，而不是仅仅片面地追求企业带来的经济效益。因此专家学者开始研究外部因素对于企业环境行为的影响。[30]有一部分学者比较不同的外部影响对企业的环境行为的作用效益,并进行评价。有一部分学者研究对企业环境行为进行评价对于环境污染的改善作用。[31]

自二十世纪九十年代至今,专家学者们一直对企业环境行为评价的理论进行扩充,并且着重研究评价方法。企业环境行为评价是指环境保护部门或者相关政府部门根据企业生产经营活动所造成的环境影响,按照制定的评价指标和模型,对企业环境行为进行综合评价,根据评价结果定级并进行公示,是企业环境管理情况的综合、直观反映。[26]企业环境行为评价是随着政府和公众对环保工作的重视而逐渐发展起来的。它是一个对环境进行管理的过程和工具,目的是为企业内部和外部的利益相关者进行环境方面的决策提供相关、可靠的信息。

2.2 企业环境行为评价的理论基础

一篇文章所引用的理论是该文章写作的良好基础,本篇所引用的理论有环境管理学理论、可持续发展理论、经济外部性理论。

2.2.1 环境管理学理论

企业环境管理是最早出现的与企业环境行为有关的概念。企业环境管理的概念最早是在墨西哥提出的。企业环境管理将管理学的知识延伸应用于环境治理领域,是管理科学与环境科学的交叉综合性学科。随着公众环保意识的提高,环境保护运动的兴起,环境管理的法律法规也日益完善,这些情况的改变对企业的生产经营过程产生了很大影响,企业管理者被迫在生产经营过程中关注环境问题,企业环境管理的概念开始盛行。美国学者认为,企业将其生产经营过程中产生的环境污染减少到最低或者为治理已经形成的环境污染而所付出的努力和采取的措施就是企业环境管理。[32]提出了企业环境管理的3个目标是:降低生产经营过程对环境造成的污染、最大化提高资源利用率、提高员工参与环境保护的积极性。有的学者从产品整个生命周期的角度进行研究,他们认为企业环境管理是为了使产品生命周期的每个环节对环境的影响最小化而采取的措施。[33]有些学者提出了"投入—生产—产出"的组织管理目标，他们倡导企业将资源和环境管理结合到企业的日常经营生产活动中去，将环境保护作为企业的一个重要目标加以考虑，从而提出了全面进行环境管理的概念。即企业在日常经营生产过程中应当尽可能地使用可再生资源，并减少三废排放，避免发生环境污染事故，使企业所带来的环境成本最小化。

概括国内外学者的研究成果，本篇主要从以下四个方面来对环境管理进行研究：（1）企业进行环境管理的目标，即在建立可持续发展的社会体系的同时，可以让后代有可利用的资源和可赖以生存的环境，保证社会的协调发展；（2）企业进行环境管理的实质，其实质是通过各种方法来规范人类损坏环境和浪费资源的行为，使自然的承载力和自净能力能够满足人类的相关活动对环境的损害；（3）企业进行环境管理的过程，这个过程是一个持续发展的过程，是动态的，要随着科技进步，社会发展来及时调整管理的策略和方法，不断地进行创新；（4）企业环境管理的对象，所有的管理活动的对象都是人，人既要进行管理又要被管理，环境管理包括对人的管理还有对其他主体的管理。

2.2.2 可持续发展理论

"可持续发展"的基本思想是 1946 年由希克斯在其著作中提出的。"可持续发展"这一词汇是在 1987 年由世界环境和发展委员会（WCED）第一次对外提出，该委员会对人类社会目前存在的种种环境问题进行了深刻的剖析，总结来说有三个主要观点：（1）应当明确地认识到资源能源是无法再生的，是有限的，人类不能无节制地生产开采下去；（2）如果人类大规模地生产，无节制开采资源能源，能源危机必然长存，最终会导致生态危机；（3）如果人类不采取相应措施来减缓危机，那么后代人将无资源可用，将无法拥有良好的生活生产环境。

国内外的学者对于"可持续发展"的理论观点有诸多定义：Hin（2001）指出，企业在保证自身经济效益发展的同时还要降低对环境的污染和加强对污染的治理，来改善所有人的生活生产环境水平就是企业可持续发展。[34] William（2002）提出，企业应当综合考虑环境、社会、经济三方面因素，将可持续发展的思想融入战略中，将产品或服务在整个生命周期内以一个更具有可持续性的方式来体现。刘力钢（2001）认为，企业在发展过程中既要提高市场竞争地位来保证经济目标的实现，又要在逐渐恶化的经营环境中始终保持能力的提高和盈利的增长，来保证自我生存和永续发展就是企业的可持续发展。[35]李占祥（2002）从两个方面来定义企业的可持续发展：一是企业是自然生态系统中的一部分，其发展目标应与国民经济的可持续发展保持一致，努力实现人与环境的和谐；二是企业自身要维持其生命力的持续性，必须进行科学的管理，来维持企业持续、健康、快速地成长，才能同环境保持协调发展。[36]

近年随着国内城市雾霾天气的频频出现，人们开始越来越关注和认可可持续发展的思想理念。当前的市场经济对"可持续发展"的理论观点进行了重新定义：当代的发展在满足自身物质需求和精神需求的前提下，又不对后代人的生活生产质量造成威胁，并以公平性、持续性、共同性为三大基本原则。可持续发展并不是单一片面的追求环境维护或者只追求经济发展，它所倡导的是一种环境和经济的共同发展，包含了环境资源的可持续、企业和社会发展的可持续，是一种在社会环境下的多方位、多角度的整体循环，是企业环境行为评价的基础理论。可持续发展理论的最终目的是使企业在自身生产经营活动中达到共同、协调、公平、高效、多维的发展，而且应时刻牢记可持续的发展观念，关注企业的产品和服务等是否遵循了可持续发展的原则，而企业的这些做法，又同时满足了环境行为评价和企业社会责任的客观要求，所以本篇选取可持续发展理论作为基础理论。

2.2.3 经济外部性理论

不同的学者对外部性研究的角度不同，因而赋予了其不一样的概念，总的来说可以分为两种。[37]萨缪尔森和诺德豪斯是从产生主体角度对外部性进行定义的：外部性是指一个个体或者单位通过生产经营活动给其他个体或者单位带来了无需补偿的损失或者无需偿付的收益。[38]兰德尔是从接受的主体来进行定义的：一个主体或者单位并没有参加相关决策，但是决策的结果给其带来了损害或者收益。[39]上述两种不同的定义只是从不同的角度进行的定义，其本质上没有什么差别。

负外部性可以理解为某个主体的经济活动对其他主体造成了不利影响，

而被影响的那个主体又不能私下请求赔偿，所以要采取更有效的途径来解决两者之间的矛盾。[40]且由于环境资源是无形的，进而导致环境污染对受害者造成的损害不可以具体衡量，所以就需要政府出面来对企业的环境行为进行监管，减少环境污染，推动社会和企业的可持续发展。

2.3 企业环境行为的评价方法

企业环境行为的评价方法及其应用研究是最近环境科学与管理科学研究的热点内容。学者们的研究结论对我国的社会发展、经济繁荣和环境保护等方面起到了充分的促进作用。通过对国内外相关文献资料进行梳理，目前主要有以下5种评价方法。

2.3.1 层次分析法

层次分析法最早由美国运筹学家萨迪（Saaty T. L）于二十世纪七十年代提出，他把复杂的目标层分解成若干维度，并将这些维度归并为不同的层次，每个层次都选取有代表性的指标，之后对每个指标的重要性进行衡量，通过一定的方法就可得出不同指标所占比重，为最佳方案的选择提供依据，最后得到了一个可以从多方面进行分析的模型。它同时使用了定性分析和定量分析的方法，为了降低主观性影响，使结果更加科学客观，此方法将定性指标进行量化然后再进行系统分析，使复杂的问题简单化，使模糊的问题具体化，然后对其做出决策。不像其他的方法在分析时需要大量的数据和样本量，不易收集，层次分析法所需要的样本量和环境数据量少，可靠度比较高，还可以有效减少误差，从而使环境行为评价系统指标间的量化更为简化，也更为科学。因此，很多学者采用层次分析法对企业环境行为进行评价。[41]本篇也将采用层次分析法对京津冀企业环境行为进行评价。

层次分析法虽然可以使复杂问题简单化，模糊问题具体化，在确定指标所占比重方面具有一定的优势，但其有效性往往会随着某一指标的下一层直属分指标的增多而降低。[42]所以我们在选取二级指标时一定要严格控制二级指标数量，不能超过9个，保证指标有效性。

2.3.2 平衡记分卡法

平衡记分卡（Balance Score Card，BSC）是由美国学者卡普兰（Robert S. K.）和诺顿（David P. N.）于 1992 年提出的一种适用于多种情况评价的方法。当时的一些环境行为评价办法主要以财务指标为数据依据，不能全面反映企业的环境行为，所以两位学者提出这样一种综合评价方法。非财务指标是平衡记分卡中比较注重的信息，所以这种方法比较适用于考核企业环境行为这类难以量化的指标。[43] 虽然平衡记分卡强调使用非财务指标的重要性，但是这种方法在评价企业环境行为时也兼顾了财务指标，所以该方法可以全面反映一个企业环境行为的好坏，目前大部分学者采用此方法来对企业环境行为进行评价。[44]

传统的对企业环境管理状况进行评价的方法主要是使用一些财务指标来进行评价，平衡记分卡与之不同，它以企业的环境信息为基础，分析完成企业达到环境管理目标的关键因素所在，并对这些关键因素进行评价。但是其评价程序比较复杂，所做的工作量也比较大，除了对企业环境管理目标有深刻的理解外，还需要将它做一个细致的分解，分解到具体的下级目标，找出符合要求的环境行为评价指标，并对这些指标进行量化。此外，要对企业环境行为进行评价还涉及到各指标之间的一个所占比重大小问题，所占比重大小不同也会使最终得出的结论不同，因此平衡记分卡在企业环境行为评价领域不是百分百适用。

2.3.3 人工神经网络法

人工神经网络（ANN）是鲁梅尔哈特（Rumelhart D. E.）和麦克莱伦德（Mc Clelland J. L.）于 1985 年提出的。[45] 它是从信息角度来描述人类大脑系统神经元的特性。它是一种模型，按照不同的连接方式形成不同的网络。近几年来，对于人工神经网络的研究已经深入各个领域，比如信息领域、医学领域、经济领域、交通领域和心理学领域等。[46] ANN 在这些领域的应用解决了很多现代难以解决的复杂问题。企业环境行为问题是十分复杂的，ANN 可以模仿甚至代替人类思维的部分功能，来构造出符合实际情况的模型的结构，得到评价系数，然后确定进行企业环境行为评价的解决办法。

人工神经网络有以下 3 个优点：（1）该网络可以对复杂的环境行为评价问题进行非线性映射；（2）ANN 具有自学能力；（3）ANN 自身具有一定的推广和概括能力。所以目前 ANN 在企业环境行为评价中得到了广泛应用，但是绝大多数的 ANN 模型要优化的目标函数会非常复杂，导致学习过程缓慢，所需时间较长，而且失败的可能性较大。不仅如此，网络结构的选择一般只能由人为决定，主观性较强，所以在解决企业环境行为这类实际问题时具有一定的局限性。

2.3.4 模糊评价法

由于企业的环境行为是一个很复杂的问题，受很多方面条件的影响，并且这些因素既难以量化，它们之间又存在一定的关联，所以往往很难或者无法直接对企业环境行为的一些指标进行量化。而模糊评价法（Fuzzy Comprehensive Evaluation，FCE）自然语言（语义变量）表达了信息的本质，适用于对难以量化的指标进行综合性评价，并对想要评价的指标以数据化的形式表现出来，之后进行计算，这种方法的好处是在定性信息的基础上进行量化，从而能很全面地评价企业环境行为。企业环境行为的影响因素有不同的特点，用简单的方法无法对这些难以量化的指标进行评价。但是模糊评价法能够将不同因素赋予相关定义，使其易于理解和量化，从而使评价结果更加清晰，从而适合企业环境行为这类非确定性难以量化问题的解决，因而得到广泛应用。[47]

模糊综合评价法，虽然适用于难以量化的环境信息指标，但是其本身存在很大缺陷。其识别信息数据的原则十分简单，为最大隶属度原则，不能有效避免指标间重复所带来的问题，有时会出现分类不清，继而造成结果不合理，所以该方法的研究主要集中在量化定性问题和完善理论方面。

2.4 相关文献回顾

本篇在查阅了大量文献之后，首先综述前人对企业环境行为的定义，然后阐述了三个本篇用到的理论基础：环境管理学、可持续发展、经济外部性理论，结合我国和京津冀地区颁布的相关环境法律法规，对环境行为热点研究领域以及现有指标体系进行介绍，最后对所阅读的文献进行梳理并阐述作者对企业环境行为评价的认识。

2.4.1 国外企业环境行为评价

企业环境行为评价的研究是从二十世纪八十年代开始的，研究时间不到30年，主要原因是那个时期的社会公众和政府的环保意识已经有所提高，要求企业公开环境信息的意愿越来越强烈。相对于我国，西方国家企业环境行为评价开展的时间较早，形成的法律法规和研究结论也比较有针对性。

英国从 1980 年开始制定了一套评估企业环境方面表现的指标体系，来计算企业的环境行为产生的影响。经过将近十年的分析整理后，合并为一套更为全面的指数，成为全球第一份评测企业环境影响的指标资料。[1]

1986 年，美国将有毒污染物排放清单（Toxics Release Inventory，TRI）纳入到法律法规中，对一些企业披露污染排放信息形成了法律约束力。[2] 在 TRI 成立之后，美国的国家环保局官方数据显示，从 1988 年到 1994 年 6 年的时间里，美国的有毒污染物排放量只有之前的 56%，TRI 的成立为美国的环境治理提供了良好的制约。[3] TRI 是最早制定的要求企业公布环境数据的法律规章制度，它直接要求企业公开对环境产生影响行为的原始数据和信息，这种规定企业直接公布排放物的措施相对于后来发展的评价体系更简单、直接，避免了企业环境行为信息在处理和传递过程中存在的信息丢失和误传问题，并且为企业规范自己的环境行为提供了一定的制约，但是还不能形成企业环境行为之间的一个评比。[4]

印尼在 1995 年最先制定了一个企业环境行为信息公开和评价的指标体系，其环境管理局建立了一个"污染控制、评价和评级计划"（Pollution Control, Evaluation, and Rating Program，PROPER），PROPER 是首次出现的企业环境行为信息公开评价制度。PROPER 首先要求企业自主汇报其环境信息，之后政府会进驻到企业中，进行现场检测，也会采取抽查的方式对企业的绿色环保行为进行评级，将结果用 5 种颜色标识，并进行公示。印尼实施的这个企业环境行为评价计划使得印尼的环境管理取得了显著的效果，从 1995 年 12 月起的一年时间里黑色企业从 6 个减少到 1 个，红色企业从 115 个减少到 87 个。印尼通过环境管理机构的引导和推动，通过公开简单明了的环境信息，激发调动了公众对于企业环境管理的关注，从而使得企业更加自主化地关注自己的环境行为。[3]

1996 年，ISO 组织经过了一系列的探索研究，发布了 ISO14000 环境管理体系标准。1999 年 11 月又颁布了新的体系标准 ISO14031，包括 1999《环境管理环境绩效评价指南》国际标准和 1999《环境管理环境绩效评价示例》技术报告。ISO14031 建立的这套环境绩效评价体系是以计划（Plan）、执行（Do）、检查（Check）、调整（Action）为过程，利用适当的绩效标准权重，将企业环境行为方面的信息转化为政府甚至公众可以理解的数据，进而测量和评价企业的环境绩效。[1]2013 年，ISO 组织对标准进行了适当修改，现行的 ISO14031 将评估指标详细分为三种指标：管理绩效指标、操作绩效指标和环境状况指标。[6]

1997 年，日本的一些专业公司根据企业对其造成的环境影响进行改善的努力程度来对企业环境行为进行等级划分。2000 年，日本环保部门通过研究当时阶段企业环境行为评价存在的问题，发布了新的《企业环境业绩指标》，来考察企业环境保护措施及污染治理成效。2001 年，可持续发展管理评定机构确立的环境绩效评价体系是从环境管理的战略和最后成果来进行评价的。在开展企业环境行为评价活动，日本的企业首先会进行环境行为的自我评价，然后将其环境信息和评价结果进行披露，从而方便其他研究机构或者有需求的机构来对企业环境行为进行评价。除了企业自身进行评价之外，政府也在积极进行这方面的监管。[5]

发达国家的企业环境行为评价开展较早，研究结果比较客观全面且比较有针对性，其对企业环境行为评价体系的研究可以作为全球的杰出代表。首先，发达国家会出台相关的法律法规，对企业的环境行为形成强制的约束与规范，通过法律约束使企业形成自觉管理环境行为的意识，使政府的监督与企业自觉治理相结合，通过两者的共同努力来改善企业环境行为。其次，由于发达国家公众环保意识普遍较高，对企业的环境行为也会形成良好的监督。政府对企业的生产经营过程进行考察，了解其对环境产生的影响并进行评价，将评价结果向社会公众公开，这种方法已经在西方国家得到了广泛推广及应用。学习借鉴西方国家在环境管理方面的先进经验，以科学方法评价企业的环境行为，发现不足积极进行改进，将有利于我国可持续发展工作的顺利推进与经济的全面健康发展。

2.4.2 国内企业环境行为评价

与国外相比，我国对于企业环境行为评价的研究较少，开展时间较短，取得的成果也比较少。国家首先从制定相关法律法规开始对企业的环境行为进行管理。随之发展的不只有国家的相关法律制度，一些学者也开始进行研究，既包括高校中环境相关院系和环保专业的教授、老师或者学生，也包括很多高校研究企业管理、会计与审计等领域的专家和学者。

2.4.2.1 相关法律法规

我国是在二十世纪七十年代初开始逐步成立环保机构，并开始实行谁污染谁治理，谁污染谁付费的规定。至二十世纪八十年代，我国逐步建立了各项环境保护制度，直至二十世纪九十年代政府有关部门和企业才开始关注与环境绩效有关的环境会计。二十世纪九十年代中期 ISO14000 在我国开始实施，这时企业环境行为的概念才随着 ISO14000 的引进进入研究者的视线。[4]我国对于企业环境行为的研究直到二十一世纪才逐渐开始增多，并成为政府关注和学者研究的重点。目前环境保护政策体系在我国已经得到了很大的发展，自八十年代以来我国对于各个地区环境考核的模式不断地推陈出新，最初是八十年代初在全国推行的文明城市，然后是九十年代在全国进行的卫生城市、园林城市、环境保护模范城市的评选，再到二十一世纪初的生态园林城市等，这些城市评选的指标为本篇指标的选取奠定了理论和实践的基础。

自 2005 年 11 月国家发布《关于加快推进企业环境行为评价工作的意见》以来，已有多个省、市开展了评价试点工作。[7]评价体系的推广促使我国形成了比较成熟的企业环境行为信用评价体系和管理制度，并制定出了各具地方特色的地方实施办法，如长三角地区的省市和珠三角地区的省市的情况，还有一些其他的省市也出台了有关政策。国内各试点开展的环境行为评价工作对建立适应当前企业现实情况的环境行为评价管理制度作了很好的铺垫工作，提供了大量有益的理论和实践探索，也为国家之后开展类似工作提供了一定的借鉴。[8]以河北省为例，河北省环保厅根据原河北省环境保护局《关于印发〈河北省重点监控企业环境行为评价实施方案（试行）〉的通知》（冀环控［2008］305 号），对全省 726 家重点监控企业的环境行为进行了评价，并区分等级。全省 726 家重点监控企业中，关停、取缔企业 68 家，参加评审企业

658 家，59 家企业处于第一等级被评为"好"，357 家企业处于第二等级被评为"较好"，235 家企业为第三等级，被评为"一般"，3 家企业最后总结果被认定为"较差"，4 家企业被认定为"差"。

2.4.2.2 企业环境行为评价方法

最初，相关专家学者对企业环境行为进行评价的时候主要使用的方法是定性评价。根据我国制定的企业环境行为评价标准，在指标上根据实际情况进行增减制定相关评价体系，最后对企业进行综合评价，并根据评价结果给企业指定等级。王远等选取镇江市的企业为研究对象，介绍了其开展企业环境行为信息披露的情况。熊纬（2007）介绍了企业环境行为评价工作的由来。根据我国环保局出台的《企业环境行为评价技术指南》，制定出企业环境行为评价方法，并进行等级划分，对评价结果按照等级进行颜色标识，对九江市的 104 家企业进行了环境行为评价，最后点明了进行评价的作用和存在的问题并提出了相应的对策。[9]

但是最初的这种评价办法在选取指标时缺乏指标的选取原则，也没有确定选取指标的权重分配，而且评价对象仅限于某一个省市的企业，无法从多方面进行评价并提出改善措施。所以专家学者从多方面多角度对企业环境行为评价体系进行了研究，有的学者对评价指标的选取进行研究，有的学者从企业环境信息披露状况进行研究，有的学者从评价方法进行研究，这无疑为评价模型的制定奠定了很重要的基础。

吴玫玫、张振华、林逢春（2008）选取的是规模较大的企业，以中国五百强企业为研究对象，对这些企业的环境信息披露情况进行了一系列的调查，并建立企业环保行为信息公开披露指标和等级标准，对所调研企业环保信息公开情况进行了研究，评价结果显示我国在企业环保信息公示方面尚处于初级阶段，需要进一步完善相关规定和制度。[10]

肖风（2010）通过对前人的研究进行分析，整理为文献综述，对国内外港口企业环境行为评价体系进行了分析研究，对现阶段评价方法的使用情况进行梳理和分析，并以上海港为研究对象，认为我国应该完善港口企业环境行为评价体系。周曙东（2011）从环境战略、环境管理、环境文化三个维度进行研究，并将这三个维度细分为 8 个指标建立了企业环境行为综合评价指标体系，为进一步开展企业环境行为评价奠定了理论基础。[11]贾妍妍（2004）

等以企业环境质量、企业生产经营过程中的环境化过程和企业环保资金投入与环境技术创新 3 个方面为一级指标，对环境行为进行了研究。[12]刘德银（2007）选取了三个指标来对企业环境绩效进行评价，具体包括节能、减排和绿色化生产，并提出如果对不同的主体进行评价，那么可能由于所关注的内容不同，评价的结果也会不一样。[13]樊磊等（2016）对不同尺度的指标体系进行了分析对比，以包头市的企业为研究对象，将包头市的企业环境行为评价指标体系的一级指标定为污染的预防与治理情况、企业的组织管理情况、企业的环境管理情况、企业的社会声誉和影响，并最终确定了 25 个二级指标。[2]

张劲松（2008）认为目前的企业环境行为评价方法大都是定性分级评价，难以更准确地对不同企业之间的环境行为进行量化横向比较。所以他用层次分析法计算指标所占比重，进行评价，然后根据评价标准确定企业的环境行为等级。[14]张艳、陈兆江（2011）以平衡记分卡法和绿色供应链为理论基础，设计了环境行为评价指标体系，并采用层次分析法（AHP）来确定各个评价指标所占比重，最后使用基于标杆管理的模糊评价模型对环境行为进行了评价研究。[15]周英男、李振华（2014）对传统评价指标进行改善，最终得到模型中的一级指标，对一级指标进行具体分析得到更为具体的二级指标，应用AHP 法，并以宝钢集团为研究对象运用建立的模型对企业进行环境行为评价。[16]王燕等（2016）考虑钢铁产品全生命周期过程中可能造成的环境污染和影响，从产品设计到生产过程再到产品报废处理全部实现绿色化，并且要最大限度地提高资源利用率和废物回收利用率，将环境产生的影响最小化，同时还要实现财务业绩的最大化，运用层次分析法确定了各财务指标和非财务指标的权重，为评价我国钢铁企业环境行为提供指导。[17]

金声琅、曹利江（2007）是以酒店服务业为研究对象，利用层次分析法确定指标权重，然后利用模糊评价模型建立了一套环境业绩评价体系，来改善酒店服务行业的环境管理情况。[18]鞠芳辉等（2002）在对前人研究方法进行分析整理的基础上，建立了一套评价体系，并根据企业环境行为信息的特点，利用模糊评价法对其进行评价，为政府拟定环境政策法规提供理论基础。[19]赵丽娟、罗兵（2003）在对国内外文献进行分析研究的基础上，选取了企业的环境影响度、企业的能源消耗度、资源的回收再利用程度、企业环境社会声誉等 4 个维度作为一级指标，随后将一级指标更加具体化。[20]根据指标评价体系的特点，进行了模糊综合评价，为企业的环境管理决策提供了理论依据。陈静等（2014）设置了5类22项评价指标，实行量化百分制评价。制定了一种新的评估模型——模糊综合指数模型，结合H省的特点和H省企业的实际情况，借鉴专家意见进行修正和完善，形成科学合理的指标分值权重。[22]

2.4.3 现有评价模型的不足

（1）企业环境行为评价方法方面：首先，最初政府发布的企业环境行为评价方法大都是使用单一的指标进行评价，进行的是定性分级评价，缺乏具体的评价原则与相关权重分配，难以更准确地对不同企业之间的环境行为信息进行量化横向比较。之后建立的企业环境行为评价指标与模型有了很大的改进，但同时也存在着很多不完善的地方，特别是在确定各指标所占比重和指标量化方面不够科学客观。一个有效的评价模型对企业进行环境行为评价至关重要，而这种模型要求评价方法应当根据现实情况的变化不断改进升级。

（2）企业环境行为评价对象方面：现在政府制定的企业环境行为评价方法中所规定的评价对象不是很全面，主要包括以下几种：第一，未按照国家规定标准进行排污的企业；第二，以有毒有害物质作为原材料的企业；第三，发生环境污染纠纷较多的排污企业；第四，在当地有重要影响的企业等。可以看出规定中的这些企业都是一些重污染企业，或者有严重违反污染条例行为的一些企业，并不适用于所有企业。所以我们需要制定一个更为全面有效的评价体系，适用于大部分的企业，尤其是适用于京津冀地区企业，而不是仅仅适用于一些重污染或者违规企业。

（3）虽然近几年我国对于企业环境行为评价的研究有所增加，但是主要还集中在理论研究上，缺乏相关的实践性操作，从而使很多研究成果缺乏实操性，不能真正地应用于现实的企业评价，而企业作为环境污染的主要源头，其环境行为理应得到充分的关注。所以今后的研究应更注重研究的实操性，将理论研究更好地运用到实践当中。

本篇结合京津冀三地的地域特征，选取更加科学、规范、实用的指标，建立企业环境行为评价模型。通过对京津冀企业环境行为的综合评价，得出三地企业环境行为的优势或缺陷，在京津冀一体化的大背景下，协调区域差异，提出构建统一的环境行为监管政策框架，从而优化京津冀企业的环境行为，实现区域经济的绿色和可持续发展。

2.5 本章小结

本章概述了有关企业环境行为和该行为评价的含义，并阐述了进行该行为评价所依据的理论基础。然后分析了现阶段政府或者学者进行企业环境行为评价时常用到的方法，并分析了这几种方法的优缺点及适用范围，从而确定本篇在进行京津冀企业环境行为评价时所用的评价方法为层次分析法，为本篇京津冀企业环境行为评价模型的提出提供了理论依据。最后对国内关于企业环境行为评价的研究成果进行梳理和学习，并给予了客观的评价。

京津冀企业环境行为评价模型的构建

模型构建首先从指标选取入手，并结合京津冀的地域特点。为使选取的指标更加科学、规范、实用，我们会遵循一定的指标体系构建原则。由于企业环境行为的影响因素很多，所以在评价时需要涉及较多的指标，这些指标的重要程度是不一样的，如果只是凭借个人判断来衡量每一个指标的重要程度从而给予其一定的权重是不科学的，会使得最后得出的结果不是很准确。很多学者在衡量指标的权重时采用的是层次分析法，本篇也采用这种方法。这种方法会对每一个指标的重要程度进行全面的分析处理，使得最后的结果更具科学性和现实意义。

3.1 京津冀地区特点

无论是二十世纪八十年代珠三角地区的兴起，还是二十世纪九十年代长三角地区的开发开放，对中国经济都起到了巨大的促进作用。反观另一经济增长区域京津冀地区，作为三大经济增长区域之一，又包含了北京首都这一特殊的区域，在国家政策、文化底蕴等方面的优势远远超过另外两个地区。然而单单从经济发展的角度来看，京津冀地区的发展远远落后，并且北京、天津、河北三个地区的经济发展程度也相差悬殊，京津冀地区的发展有其自身的特点：

（1）三地之间的整体发展不平衡。在中国特殊的国情下，一方面北京市是中央政府的所在地，是国家的首都，所以北京要做好服务于中央的角色，承担起作为全国政治、经济、文化中心的责任；另一方面，北京又是一个独立的直辖市，需要承担作为一个独立城市发展的角色。

正是由于北京地区特殊的政治、经济、文化地位，使得北京地区企业的环境行为受到国家和政府的关注较多。国家和政府关注会在一定程度上影响企业的环境行为，使企业环境管理效果较好。也正是由于北京的特殊角色地位，使得大量的污染企业外迁，从而使得北京地区企业环境行为的某些评价指标得分得到一个整体的提升。

（2）三地产业结构差异明显。北京的发展是这三个地区最好的，它自身的优势在科技和服务方面尤为突出，具体表现在第三产业的占比上。2016年的第三产业占地区生产总值的比重高达80.23%，服务业已经成为推动这个城市发展的关键所在。天津地区的经济发展很迅速，一些高新技术企业和新兴产业在这个地区已经逐渐扩大，改变了只依靠传统行业的发展趋势，但它的发展程度还没有超越北京。第二产业和第三产业在这个地区也比较均衡，共同带动了该地区的进步。2016年天津市第三产业占比为56.44%，第二产业占比为42.33%，天津经济进入到"接二连三的工业化高级阶段"。河北的发展速度是这三个地区最慢的，它的经济主要还是依靠传统的一些制造行业来带动，第三产业的发展落后于北京和天津，2016年第三产业占比为41.54%，第二产业所占比重为47.57%。虽然和北京、天津相比，该地区发展不是很快，但是它本身的经济增长速度是比较快的，在未来的发展中也有着很大的潜力。

正是由于三个地区产业结构分布的不同特点，使得以重污染企业为主要产业优势的河北地区受到国家环保部门更多的关注。河北地区重污染行业云集，虽然不像北京地区具有特殊的角色地位，但是由于国家和政府的严格监管，也会使其企业环境行为表现良好。

3.2 指标体系的构建原则

企业环境行为评价问题是一个比较复杂的问题，建立指标体系时除了相关的财务指标，还要同时涉及一些环境方面的信息，环境方面信息又是比较复杂的，因此，要建立一个科学、客观和完善的环境行为评价指标体系，我们应遵循本篇所述的几个原则。建立环境评价体系时还要避免指标选取过多，如果过多各指标之间可能存在重复性，无法避免互相间的干扰，选取的指标也不能太少，如果指标数量不够则不能全面表达企业环境行为所带来的影响。本篇主要考虑以下5个方面的原则：

（1）科学性原则。有关构建京津冀地区环境行为评价指标体系的研究比较少，但是在环境行为评价领域，分行业的指标评价体系与评价方法正在不断地规范，毋庸置疑本篇所要建立的环境行为评价体系也要科学、客观、规范。因此我们在指标的选取、定义、数据采集及权重确定等方面都要做到科学规范。真实客观。并且要尽量使选取的各个指标之间相互独立，避免信息重叠，重复计算。

（2）相关性原则。相关性原则指的是指标体系的建立要与京津冀三个地区企业的特点和环境管理的目标相关。首先环境行为评价指标体系的设置应考虑三个地区的特点和共同点，使指标可以恰当应用于三个地区的评价体系中；其次是环境行为评价指标体系应能全面反映企业在污染治理与环境改进上所做的努力，反映出企业现阶段的环境管理状况，以便企业更好地改善自身环境行为。

（3）可比性原则。可比性是指京津冀企业环境行为综合评价的指标体系的建立应具有横向的可比性，三个地区的评价得分可以进行对比，这样才有实用价值。一套评价指标体系的建立并不是为了只评价单独的一个企业，而是为了在京津冀三个地区企业之间通用，因此在选择指标时要充分考虑京津冀三个地区企业的实际状况，比如三个地区国家政策规定不同，产业布局不同等因素。在二级指标选择上，必须是京津冀三个地区企业共有的特性，使指标在最大程度上得以完善，使三个地区不同的企业在相同的时期，甚至于相同的企业在不同时期，以及更大的范围内具有可比性。

（4）易操作性原则。指标的易操作性原则要求在选取京津冀企业环境行为评价指标时保证选取的指标容易量化，指标的易操作性还要求选取的企业环境行为指标的数据可以直接或者通过一定的方法和专业技术取得。

（5）成本效益原则。在对京津冀企业环境行为进行评价时需要收集企业各方面的环境数据，在收集过程中会耗费一定的资金。所需数据有些可以从社会责任报告、年报或者相关的网站上获取，有些则需要邀请专业的人士，使用专门的技术，并且可能由于专业人员不同或者使用技术不同造成结果有偏差。如果收集信息和数据量化的资金需求过高，则不符合此原则。

3.3 指标的选取

根据《企业环境信用评价办法（试行）》制定的指标体系和上文所述的基本原则再结合京津冀地区的特点，在前人研究的基础上，去除生态保护指标，在保障企业利润最大化的需求上结合环境保护的需求，基于节能减排情况（节能、减排）、环境守法水平（环保事故、违法与处罚）、社会公众影响（投诉曝光、社会声誉）3 个维度，分别选取符合条件的二级指标。同时，考虑当前京津冀三个地区特点和实际情况，将可以体现京津冀企业环境行为信息方面的指标确定为 4 个。从前人的研究和政府已发布的评价指标体系来看，环境管理水平、环境守法水平、节能减排情况、社会公众影响这四个方面能够充分反映企业的环境行为信息。

表 3-1　京津冀企业环境行为评价指标

一级指标	二级指标
环境管理水平	环保资金投入
	ISO14001 认证
	环保意识
环境守法水平	环境事故
	环保违法与处罚
节能减排情况	节能改造种类
	减少排污种类
社会公众影响	投诉与曝光
	企业环保社会声誉

3.3.1 环境管理水平

环境管理水平指标是指企业在生产经营过程中为了将其产生的环境污染减少到最低或者最大限度地进行节能减排所付出的努力。具体包括环保的资金投入、ISO14001 认证水平、环保意识 3 个二级指标。

（1）环保资金投入。环保资金投入是指企业对于环境保护资金的投入，可以将其分为资本性投入和费用性投入。资本性投入包括企业在购买、更新、置换环保设备和其他环保项目时所进行的资本投入；费用性投入包括企业在环保设施运行费、环保设施折旧费等和环保有关的费用投入。为了消除企业规模大小对于此项指标的影响，我们将环保资金投入金额除以企业营业收入的值来作为环保资金投入的代表数。

（2）ISO14001 认证。ISO14001 是一种非常科学的管理体系，它运用计划（Plan）、执行（Do）、检查（Check）、调整（Action）的管理模式，对企业进行有效管理。ISO14001 认证水平是指企业是否通过相关环境管理体系认证，旨在帮助企业建立完整的环境管理体系，优化环境行为水平，并向公众传达企业更为良好的环境行为信息。本篇的考核指标可以将 ISO14001 认证从两方面来进行评价，一是企业是否经过 ISO14001 认证；二是企业申请 ISO14001 认证的年数。本篇通过"认证认可业务信息统一查询平台"对企业 ISO14001 认证情况进行查询，企业如果从现阶段起向前 5 年或者更长时间内均进行 ISO14001 认证，说明企业进行环境管理的开始时间较早，企业现阶段环境管理体系认证已经发展得较为成熟，本篇赋予其分值为 100 分；如果企业未进行 ISO14001 认证则赋予分值为 0 分。

表 3-2　ISO14001 认证评分标准

标准	分数
未进行 ISO14001 认证	0
进行了 ISO14001 认证，认证年数较少，为 1~2 年	50
进行了 ISO14001 认证，认证年数较多，为 3~4 年	80
进行了 ISO14001 认证，认证年数为 5 年或者以上	100
介于两两之间	0~50，50~80，80~100

（3）环保意识。环保意识指标是指企业是否具有环境保护、污染治理和节约能源的意识，具体到企业内部需看其是否建立了相关的环境管理体系和形成了环境紧急处理预案，这其中包括在遇到紧急环境事故时，例如污染物大范围泄露时，怎样进行紧急处理，以及处理之后的善后措施。本篇在企业的社会责任报告和年度报告中查看企业的环境管理状况。如果企业内部成立

较为完善的环境管理部门，建立了完善的环境管理体系，并形成了环境紧急处理预案，说明企业不仅能做到事前预防污染发生，事中治理污染，并且在事后能够对污染事件造成的影响进行及时善后，如此完善的环境管理体系是保证企业进行环境管理的良好前提，本篇赋予分值为 100 分；建立了较为完善的环境管理体系和制度但是未形成环境紧急处理预案，说明企业在发生紧急环境事故时可能无从应对，进而使环境事故形成更恶劣的影响，但是又考虑到环境紧急事故是偶尔发生，所以本篇赋予这种情况 80 分；仅简单提到环境管理状况说明企业有一定的环保意识，但是并未落实到实处，本篇赋予分值为 50 分。本篇考虑到企业如果已经建立了环境管理体系和制度，为了给公众或者其他利益相关者形成良好的印象一定会积极披露，所以如果没有进行披露，则说明企业未建立相关体系和制度，本篇赋予分值为 0 分。

表 3-3　环保意识评分标准

标准	分数
未披露环境管理体系建设或者未建立环境管理体系	0
仅简单提到环境管理状况	50
建立了较为完善的环境管理体系和环境管理制度	80
建立了较为完善的环境管理体系和制度，并形成环境紧急处理预案	100
介于两两之间	0~50，50~80，80~100

3.3.2 环境守法水平

环境守法是企业保护环境、治理环境的基本需求，可以从一定程度上向公众展示企业在环境治理方面所付出的努力，企业遵守环境法律法规的表现也会在公众心中树立比较好的形象。如果环境守法水平得分较高，则说明企业在环境守法方面做得较好，如果得分较低，则说明表现较差。依据此得分政府可以更好地完善相关法律法规，使所有企业意识到遵守环境法律法规的重要性，促使企业在遵守环境法律的同时提高环境行为。环境守法水平的具体指标包括环境事故、环保违法与处罚。由于国家对上市企业的监管力度比较大，所以上市企业几乎不会发生环保事故或者遭遇违法处罚的情况，因此本篇在查询社会责任报告、企业年报和各种媒体网站之后，如果未发现企业发生环境污染事故（环保行政处罚），本篇赋予分值为 100 分；如果企业本身或者下属企业或者子公司发生一件（一次）或者多件（多次）环境污染事故（环保行政处罚），则说明企业对于其自身、下属公司或者子公司监管不到位，本篇赋予分值为 0 分。

（1）环境事故。环境事故指标是指企业或者其下属企业近五年时间内是否发生重大环境污染事故、环境违法事件、环境投诉事件或者重复环境投诉事件。

表 3-4   环境事故评分标准

标准	分数
近五年内企业、下属企业或子公司有污染事故、环境违法事故发生	0
近五年内没有污染事故、环境违法事故发生	100

（2）环保违法与处罚。违法与处罚情况是指企业是否由于违反环境方面的法律法规，造成了环境的破坏或者污染之后是否积极应对，比如是否支出清理费、赔款和罚款等。

表 3-5   环保违法与处罚评分标准

标准	分数
近五年内企业、下属企业或子公司有环保行政处罚	0
近五年内没有环保行政处罚	100

3.3.3 节能减排情况

企业的节能减排情况反映了企业治理环境污染和节约自然资源的基本情况，主要从节能改造种类和减少排污种类两方面来进行衡量。企业节能和减排情况主要看企业是否进行严格管控和科学规划，是否有效减少能源消耗、减少三废排放以及是否对废物进行多次循环使用等。具体指标包括节能改造种类和减少排污种类。整理企业社会责任报告和年报数据得知企业节能种类和减少排污种类一般情况下为 3 到 4 种,所以本篇在企业节能种类和减少排污种类在 5 种或者 5 种以上时赋予分值为 100 分,3~4 种时 80 分,1~2 种时 50 分。本篇考虑到企业如果进行了节能减排,为了给公众或者其他利益相关者留下良好的印象一定会积极披露,所以如果没有进行披露,则说明企业未达到节能减排相关标准,本篇赋予分值为 0 分。

(1)节能改造种类。节能改造具体表现为企业为节约能源所进行的技术引进、设备改造以及三废回收利用率等。

表 3-6　节能改造种类评分标准

标准	分数
未披露节能改造情况或者未进行改造	0
仅简单披露节能改造情况或者节能改造后节能种类较少,为 1~2 种	50
企业积极进行节能改造,改造后节能种类较多,为 3~4 种	80
企业改造后节能种类为 5 种或者以上,并规划了进一步改造的情况	100
介于两两之间	0~50,50~80,80~100

(2)减少排污种类。减少排污种类主要看企业首先是否做到按照国家标准进行排放,在此基础上,与去年相比减少的排污量以及减少的排污种类。

表 3-7　减少排污种类评分标准

标准	分数
未披露排放量或者未进行达标排放	0
仅简单披露排放量,披露种类较少,为 1~2 种	50
积极进行减排,积极披露,并且减排种类较多,为 3~4 种	80
减排种类为 5 种或者以上,并规划了如何进一步减少排放量	100
介于两两之间	0~50,50~80,80~100

3.3.4 社会公众影响

环境违规事件曝光指标反映了企业环境保护的成果，体现了法律对企业的认同也体现了民众对企业的认可。有关环保方面的民众投诉与事件曝光越多，该指标得分就会越小；企业环保社会声誉越好，该指标得分越高。该指标越大，说明民众对于企业的认可度越高。具体指标包括投诉与曝光、企业环保社会声誉。

（1）投诉与曝光。投诉与曝光指标是企业是否发生公众环保投诉事件，或者在发生相关环境事故后是否由媒体等机构进行曝光，造成恶劣影响。国家对于上市企业的监管力度比较大，所以上市企业几乎不会发生环保事故，进而遭遇投诉与媒体曝光事件。因此本篇在查询社会责任报告、企业年报和各种媒体网站之后，发现如果企业未发生环境污染的投诉曝光事件，本篇赋予分值100分；如果企业的下属企业或者子公司发生环境污染的投诉曝光事件，则说明企业对于其下属公司或者子公司监管不到位，本篇赋予分值50分；如果企业发生了环境污染的投诉曝光事件则本篇赋予分值为0分。

表 3-8　投诉与曝光指标评分标准

标准	分数
近五年内有环境污染投诉与曝光事件	0
近五年内下属企业或子公司有环境污染投诉与曝光事件	50
近五年内没有环境污染投诉与曝光事件	100
介于两两之间	0~50，50~100

（2）企业环保社会声誉。企业环保社会声誉是指社会公众、环保部门或者一些专业环境评测机构等对企业环境行为表现的满意度，即在他们看来企业是否积极进行了环境管理。本篇对于企业社会环保声誉的评分是根据企业社会责任报告中给出的环境责任评分转化为百分制来进行赋值的，因为企业社会责任报告中给出的评分代表了专业环境评测机构根据企业的环境行为进行的客观评分。

表 3-9　企业环保社会声誉评分标准

标准	分数
企业评分为 0 分	0
制造业企业 15 分，服务行业企业 5 分，其他企业 10 分	50
制造业企业 30 分，服务行业企业 10 分，其他企业 20 分	100
介于两两之间	0~50，50~100

企业的以上数据来源于企业的社会责任报告中的数据资料、企业年报以及京津冀三个地区的环保局网站等其他相关网站。

3.4 指标权重的确定

确定各指标权重是本篇的重点问题，在对前人的研究进行梳理和分析后，本篇从以下几个步骤来对指标权重进行确定。

3.4.1 构建四个维度的对比矩阵

设定各指标的代表符号：

表 3-10　一级指标与代表符号

符号	一级指标
A1	环境管理水平
A2	环境守法水平
A3	节能减排情况
A4	社会公众影响

表 3-11　标度含义

标度	含义
$A_{ij} = 1$	两个因素相比，i 与 j 同等重要
$A_{ij} = 3$	两个因素相比，i 比 j 稍微重要

标度	含义
Aij = 5	两个因素相比，i 比 j 明显重要
Aij = 7	两个因素相比，i 比 j 强烈重要
Aij = 9	两个因素相比，i 比 j 极端重要
Aij = 2n，n = 1、2、3、4	元素 i 与元素 j 重要性介于 Aij = 2n−1 与 Aij = 2n+1 之间

因素 i 与 j 之间的比较 Aij，则因素 j 与 i 之间的比较为：$Aji = \dfrac{1}{Aij}$

根据上述的标度含义，并结合 4 个维度进行分析，两两进行对比，得到以下结果：

表 3−12　京津冀企业环境行为综合评价判断矩阵

A	A1	A2	A3	A4
A1	1	5	2	2
A2	1/5	1	1/3	1/2
A3	1/2	3	1	2
A4	1/2	2	1/2	1

3.4.2 计算矩阵的特征向量和指标权重

根据上述的计算结果对各矩阵求和后，再进行归一化处理，然后对每一列求和，就可以得出 A1、A2、A3、A4 的相对权重。对矩阵的各列求和：

表 3−13　京津冀企业环境行为综合评价判断矩阵

A	A1	A2	A3	A4
A1	1	5	2	2
A2	1/5	1	1/3	1/2
A3	1/2	3	1	2
A4	1/2	2	1/2	1

A	A1	A2	A3	A4
Sum	2.20	11.00	3.83	5.50

对每一列进行归一化处理，公式如下：

$B_{ij} = \dfrac{A_{ij}}{\sum\limits_{i,j=1}^{n} A_{ij}}$。其中 $\sum\limits_{i,j=1}^{n} A_{ij}$ 的值为以上表中每一列的和，然后用每一个元

素除以它所在列的和。我们就会得到一个新的矩阵，命名为 Y。

表 3-14　Y 矩阵

B	B1	B2	B3	B4
B1	0.45	0.45	0.52	0.36
B2	0.09	0.09	0.09	0.09
B3	0.23	0.27	0.26	0.37
B4	0.23	0.19	0.13	0.18
Sum	1	1	1	1

下表中的 Sum 列即为特征向量，是对每一行进行求和的结果。

表 3-15　B2 矩阵

B	B1	B2	B3	B4	Sum
B1	0.45	0.45	0.52	0.36	1.78
B2	0.09	0.09	0.09	0.09	0.36
B3	0.23	0.27	0.26	0.37	1.13
B4	0.23	0.19	0.13	0.18	0.73
Sum	1	1	1	1	4

根据以下公式计算指标的权重。

公式：$W_i = \dfrac{\sum\limits_{i=1}^{n} B_i}{n}$

此时便可以得出 4 个指标的权重：

表 3-16　京津冀企业环境行为评价一级指标权重

B	B1	B2	B3	B4	Sum	权重 W
B1	0.45	0.45	0.52	0.36	1.78	0.45
B2	0.09	0.09	0.09	0.09	0.36	0.09
B3	0.23	0.27	0.26	0.37	1.13	0.28
B4	0.23	0.19	0.13	0.18	0.73	0.18
Sum	1	1	1	1	4	1

3.4.3 矩阵一致性检验

计算矩阵的最大特征根，公式：$\lambda = \sum\limits_{i=1}^{n} \dfrac{(AW)_i}{nW_i}$

AW：表示矩阵 A 与 W 相乘。

$$AW = \begin{pmatrix} 1 & 5 & 2 & 2 \\ 1/5 & 1 & 1/3 & 1/2 \\ 1/2 & 3 & 1 & 2 \\ 1/2 & 2 & 1/2 & 1 \end{pmatrix} \begin{pmatrix} 0.45 \\ 0.09 \\ 0.28 \\ 0.18 \end{pmatrix} = \begin{pmatrix} 1.82 \\ 0.36 \\ 1.14 \\ 0.73 \end{pmatrix}$$

最大特征根 $\lambda_{max} = \sum\limits_{i=1}^{n} \dfrac{(AW)_i}{nW_i} = \dfrac{1.82}{4 \times 0.45} + \dfrac{0.36}{4 \times 0.09} + \dfrac{1.14}{4 \times 0.28} + \dfrac{0.73}{4 \times 0.18}$

$= 4.04$

$CI = \dfrac{\lambda_{max} - n}{n - 1} = \dfrac{4.04 - 4}{4 - 1} = 0.01 < 0.1$，由此可以判定此矩阵具有良好的一致性。

3.4.4 二级指标权重计算

根据以上方法，同样确定二级指标权重。

表 3-17　二级指标与代表符号

符号	二级指标
A11	环保资金投入
A12	ISO14001 认证
A13	环保意识
A21	环境事故
A22	环保违法与处罚
A31	节能改造种类
A32	减少排污种类
A41	投诉与曝光
A42	企业环保社会声誉

3.4.4.1 环境管理水平

环境管理水平各二级指标权重如下表所示：

表 3-18　环境管理水平权重

A1	A11	A12	A13	权重 W1
A11	1	5	2	0.26
A12	1/5	1	1/3	0.05
A13	1/2	3	1	0.14

$$A_1 W_1 = \begin{pmatrix} 1 & 5 & 2 \\ 1/5 & 1 & 1/3 \\ 1/2 & 3 & 1 \end{pmatrix} \begin{pmatrix} 0.26 \\ 0.05 \\ 0.14 \end{pmatrix} = \begin{pmatrix} 0.79 \\ 0.1487 \\ 0.42 \end{pmatrix}$$

最大特征根 $\lambda_{max} = \dfrac{0.79}{3 \times 0.26} + \dfrac{0.1487}{3 \times 0.05} + \dfrac{0.42}{3 \times 0.14} = 3.004$

$CI_1 = \dfrac{\lambda_{\max} - n}{n - 1} = \dfrac{3.004 - 3}{3 - 1} = 0.002 < 0.1$，由此可以判定此矩阵具有良好的一致性。

3.4.4.2 环境守法水平

环境守法水平各二级指标权重如下表所示：

表 3-19 环境守法水平指标权重

A2	A21	A22	权重 W2
A21	1	1/2	0.03
A22	2	1	0.06

$$A_2 W_2 = \begin{pmatrix} 1 & 1/2 \\ 2 & 1 \end{pmatrix} \begin{pmatrix} 0.03 \\ 0.06 \end{pmatrix} = \begin{pmatrix} 0.06 \\ 0.12 \end{pmatrix}$$

最大特征根 $\lambda_{\max} = \dfrac{0.06}{2 \times 0.03} + \dfrac{0.12}{2 \times 0.06} = 2$

$CI_2 = \dfrac{\lambda_{\max} - n}{n - 1} = \dfrac{2 - 2}{2 - 1} = 0 < 0.1$，由此可以判定此矩阵具有良好的一致性。

3.4.4.3 节能减排情况

节能减排各二级指标权重如下表所示：

表 3-20 节能减排指标权重

A3	A31	A32	权重 W3
A31	1	1	0.14
A32	1	1	0.14

$$A_3 W_3 = \begin{pmatrix} 1 & 1 \\ 1 & 1 \end{pmatrix} \begin{pmatrix} 0.14 \\ 0.14 \end{pmatrix} = \begin{pmatrix} 0.28 \\ 0.28 \end{pmatrix}$$

最大特征根 $\lambda_{\max} = \dfrac{0.28}{2 \times 0.14} + \dfrac{0.28}{2 \times 0.14} = 2$

$CI_3 = \dfrac{\lambda_{\max} - n}{n - 1} = \dfrac{2 - 2}{2 - 1} = 0 < 0.1$，由此可以判定此矩阵具有良好的一致性。

3.4.4.4 社会公众影响

社会公众影响各二级指标权重如下表所示：

表 3-21　社会公众影响权重

A4	A41	A42	权重 W4
A41	1	1/2	0.06
A42	2	1	0.12

$$A_4 W_4 = \begin{pmatrix} 1 & 1/2 \\ 2 & 1 \end{pmatrix} \begin{pmatrix} 0.06 \\ 0.12 \end{pmatrix} = \begin{pmatrix} 0.12 \\ 0.24 \end{pmatrix}$$

最大特征根 $\lambda_{max} = \dfrac{0.12}{2 \times 0.06} + \dfrac{0.24}{2 \times 0.12} = 2$

$CI_4 = \dfrac{\lambda_{max} - n}{n - 1} = \dfrac{2 - 2}{2 - 1} = 0 < 0.1$，由此可以判定此矩阵具有良好的一致性。

由此可得出京津冀企业环境行为所有选取指标的权重，如下表：

表 3-22　京津冀企业环境行为评价指标总权重

准则层	权重	指标层	权重
A1 环境管理水平	0.45	A11 环保资金投入	0.26
		A12ISO14001 认证	0.05
		A13 环保意识	0.14
A2 环境守法水平	0.09	A21 环境事故	0.03
		A22 环保违法与处罚	0.06
A3 节能减排情况	0.28	A31 节能改造种类	0.14
		A32 减少排污种类	0.14
A4 社会公众影响	0.18	A41 投诉与曝光	0.06
		A42 企业环保社会声誉	0.12

3.5 评价模型的构建

本篇从选取的四个维度对企业的环境行为进行评价。根据层次分析法

（AHP），按各指标要素的重要性程度对其进行排序构造判断矩阵，参考之前研究对于指标的评分确定指标权重，得出京津冀企业环境行为综合评价模型。

$$A = 0.45A_1 + 0.09A_2 + 0.28A_3 + 0.18A_4$$
$$= 0.26A_{11} + 0.05A_{12} + 0.14A_{13} + 0.03A_{21} + 0.06A_{22} + 0.14A_{31} + 0.14A_{32}$$
$$+ 0.06A_{41} + 0.12A_{42}$$

企业环境行为会随着 A 得分的升高而有所改善。

3.6 本章小结

本章在分析京津冀地区特点后，从企业环境行为的角度出发，综合考虑京津冀企业环境行为的影响因素来建立相应的评价指标体系。也就是说，每一部分的指标设置应该既能反映出京津冀企业环境行为的影响和作用，又能体现出京津冀企业环境管理的实施效果。在充分考虑环境行为评价指标选取影响因素的基础上，根据相关原则，构建出 4 个一级指标 9 个二级指标所组成的环境行为评价指标体系，并建立了企业环境行为综合评价模型。

京津冀企业环境行为综合评价的数据分析

　　本篇所研究的京津冀地区主板上市企业一共 232 家，其中北京地区 160 家，天津地区 32 家，河北地区 40 家。通过对京津冀企业 2016 年社会责任报告及财务报告进行手动整理，剔除未进行环境数据披露的企业和披露数据不全的企业以及社会责任报告中披露的环境信息有效性不高的企业，共获得 67 家样本上市企业。北京地区 49 家，天津地区 10 家，河北地区 8 家。由此可以看出，北京地区披露环境信息的企业最多，占所有披露企业的百分比也最多，为 74.29%，而天津和河北两个地区进行环境数据披露的企业较少，占京津冀所有披露环境信息企业的百分比分别为 14.28% 和 11.43%。但是分区域来看，北京地区披露环境数据的企业占比为 32.5%，天津地区为 31.25%，河北地区为 20%，三个地区披露数据的企业所占百分比均比较低，其中河北地区最低。

4.1 北京地区企业数据分析

　　经过筛选，北京地区企业环境行为信息披露较为完整的企业一共 49 家，以下是根据本篇制定的环境行为评价模型计算的北京地区各企业二级指标得分和一级指标得分以及总分得分情况。

表 4-1　北京地区企业二级指标得分

指标	A_{11}	A_{12}	A_{13}	A_{21}	A_{22}	A_{31}	A_{32}	A_{41}	A_{42}
江河集团	0	2.5	8.4	3	6	8.4	8.4	6	10.2
昊华能源	18.2	0	11.2	3	6	11.2	9.8	6	6.6

指标	A_{11}	A_{12}	A_{13}	A_{21}	A_{22}	A_{31}	A_{32}	A_{41}	A_{42}
中国重工	0	3	8.4	0	6	9.8	8.4	3	7.2
中国黄金	23.4	0	14	0	0	11.2	12.6	6	6.6
中航电子	0	0	8.4	3	6	8.4	8.4	6	8.4
航天信息	0	5	9.8	3	6	9.8	8.4	6	8.4
动力源	0	4.5	9.8	3	6	7	7	6	4.8
华能国际	0	5	11.2	0	6	8.4	9.8	3	6.6
万东医疗	18.2	5	14	3	6	9.8	9.8	6	7.2
万通地产	0	0	8.4	3	6	7	7	6	7.2
有研新材	0	0	8.4	3	6	9.8	9.8	6	8.4
天坛生物	13	2	14	3	6	11.2	11.2	6	7.2
华润双鹤	20.8	5	12.6	0	6	11.2	12.6	3	5.4
同仁堂	0	0	8.4	3	6	8.4	8.4	6	4.8
福田汽车	15.6	5	9.8	3	6	9.8	11.2	6	7.2
用友网络	0	0	11.2	3	6	9.8	11.2	6	8.4
中国神华	26	3	12.6	0	0	12.6	12.6	0	7.2
京城股份	0	0	9.8	3	6	7	7	6	7.2
中国核电	15.6	1.5	14	3	6	12.6	12.6	6	6
中国核建	15.6	3.5	11.2	0	6	11.2	12.6	6	6.6
翠微股份	13	2.5	9.8	3	6	12.6	9.8	6	9.6
国药股份	0	1.5	9.8	0	0	9.8	9.8	0	6.6
北辰实业	13	3.5	11.2	0	0	12.6	11.2	3	4.8
空港股份	0	5	9.8	3	6	8.4	12.6	6	3.6
首开股份	0	3.5	11.2	3	6	9.8	9.8	6	3.6
中国电建	0	4	11.2	3	6	8.4	11.2	6	10.2
大唐发电	15.6	3.5	12.6	0	0	12.6	14	6	6.6
外运发展	0	1	7	3	6	12.6	7	6	10.2

指标	A_{11}	A_{12}	A_{13}	A_{21}	A_{22}	A_{31}	A_{32}	A_{41}	A_{42}
北巴传媒	0	0	8.4	3	6	8.4	8.4	6	10.8
中牧股份	0	3	11.2	3	6	9.8	9.8	6	4.8
中国人寿	0	1.5	9.8	3	6	9.8	8.4	6	6
国投中鲁	18.2	3.5	9.8	3	6	9.8	8.4	6	4.8
五矿发展	10.4	5	9.8	3	6	8.4	8.4	6	10.2
中青旅	0	0	9.8	3	6	8.4	8.4	6	10.8
歌华有线	0	3	9.8	3	6	9.8	9.8	6	10.8
中国化学	0	5	12.6	3	6	9.8	11.2	6	4.8
中国医药	20.8	0	12.6	3	6	11.2	11.2	6	3.6
中国银行	13	0	11.2	3	6	12.6	11.2	6	10.8
中信银行	15.6	0	11.2	3	6	12.6	12.6	6	10.8
北京银行	13	0	11.2	3	6	11.2	11.2	6	10.8
东兴证券	0	0	5.6	3	6	5.6	5.6	6	9.6
华电重工	0	4	9.8	0	0	11.2	5.6	0	10.2
北方国际	0	5	11.2	3	6	9.8	9.8	6	8.4
金融街	0	0	8.4	3	6	7	7	6	8.4
京东方	26	5	14	3	6	12.6	14	6	9.6
燕京啤酒	15.6	5	11.2	3	6	12.6	11.2	6	6
中信国安	0	4	9.8	3	6	8.4	8.4	6	7.2
安泰科技	13	1.5	11.2	3	6	11.2	8.4	6	7.2
中科三环	0	1.5	9.8	3	6	8.4	8.4	6	6
平均	7.22	2.38	10.54	2.39	5.27	10	9.83	5.39	7.52

北京地区49家上市企业环境行为二级指标评分描述性统计情况如下表所示:

表 4-2　北京地区企业环境行为二级指标评分描述性统计

指标	最大值	最小值	均值	标准差
环保资金投入	26	0	7.22	8.65
ISO14001 认证	5	0	2.38	1.98
环保意识	14	5.6	10.54	1.86
环境事故	3	0	2.39	0.97
环保违法与处罚	6	0	5.27	1.40
节能改造种类	12.6	5.6	10	1.83
减少排污种类	14	5.6	9.83	2.07
投诉与曝光	6	0	5.39	1.60
环保社会声誉	10.8	3.6	7.52	2.16

环保资金投入指标所占比重为 0.26，所以满分为 26 分，北京地区企业得分最高为 26 分，最低为 0 分，平均分为 7.22 分。进行环保投资的企业只有 18 家，占比仅为 36.73%，说明各企业间对于环保投入的差别较大，更有将近七成的企业并未进行环保投资，或者是并未披露环保投资情况。ISO14001 认证指标所占比重为 0.05，满分为 5 分，北京地区企业得分最高为 5 分，最低为 0 分，平均分为 2.38 分。进行 ISO14001 认证的企业为 33 家，剩余 16 家并未进行 ISO14001 认证。违法与处罚情况指标所占比重为 0.06，满分为 6 分，北京地区企业所得平均分为 5.27 分。从各指标的平均得分与该指标满分的比值。可以看出北京地区上市企业得分情况最差的指标为环保资金投入，其次为 ISO14001 认证。环保违法与处罚指标得分情况最好。

表 4-3　北京地区企业一级指标得分

指标	A_1	A_2	A_3	A_4	A
江河集团	10.9	9	16.8	16.2	52.9
昊华能源	29.4	9	21	12.6	72
中国重工	11.4	6	18.2	10.2	47.3
中国黄金	37.4	0	23.8	12.6	76.8

指标	A_1	A_2	A_3	A_4	A
中航电子	8.4	9	16.8	14.4	48.6
航天信息	14.8	9	18.2	14.4	56.4
动力源	14.3	9	14	10.8	48.1
华能国际	16.2	6	18.2	9.6	51.5
万东医疗	37.2	9	19.6	13.2	79
万通地产	8.4	9	14	13.2	44.6
有研新材	8.4	9	19.6	14.4	51.4
天坛生物	29	9	22.4	13.2	73.6
华润双鹤	38.4	6	23.8	8.4	78.1
同仁堂	8.4	9	16.8	10.8	45
福田汽车	30.4	9	21	13.2	58
用友网络	11.2	9	21	14.4	55.6
中国神华	41.6	0	25.2	7.2	74
京城股份	9.8	9	14	13.2	46
中国核电	31.1	9	25.2	12	77.3
中国核建	30.3	6	23.8	12.6	70.1
翠微股份	25.3	9	22.4	15.6	72.3
国药股份	11.3	0	19.6	6.6	37.5
北辰实业	27.7	0	23.8	7.8	63.8
空港股份	14.8	9	21	9.6	54.4
首开股份	14.7	9	19.6	9.6	52.9
中国电建	15.2	9	19.6	16.2	60
大唐发电	31.7	0	26.6	12.6	75.4
外运发展	8	9	19.6	16.2	52.8
北巴传媒	8.4	9	16.8	16.8	51
中牧股份	14.2	9	19.6	10.8	53.6

续表

指标	A_1	A_2	A_3	A_4	A
中国人寿	11.3	9	18.2	12	50.5
国投中鲁	31.5	9	18.2	10.8	69.5
五矿发展	25.2	9	16.8	16.2	67.2
中青旅	9.8	9	16.8	16.8	52.4
歌华有线	12.8	9	19.6	16.8	58.2
中国化学	17.6	9	21	10.8	58.4
中国医药	33.4	9	22.4	9.6	74.4
中国银行	24.2	9	23.8	16.8	73.8
中信银行	26.8	9	25.2	16.8	77.8
北京银行	24.2	9	22.4	16.8	72.4
东兴证券	5.6	9	11.2	15.6	41.4
华电重工	13.8	0	16.8	10.2	40.8
北方国际	16.2	9	19.6	14.4	59.2
金融街	8.4	9	14	14.4	45.8
京东方	45	9	26.6	15.6	96.2
燕京啤酒	31.8	9	23.8	12	76.6
中信国安	13.8	9	16.8	13.2	52.8
安泰科技	25.7	9	19.6	13.2	67.5
中科三环	11.3	9	16.8	12	49.1
平均	20.95	8.5	19.52	14	62.97

从一级指标来看，北京地区上市企业环境守法指标得分情况最好，满分为9分，平均得分为7.65分。绝大多数的企业都能做到遵守环境方面相关法律。环境管理水平指标得分情况最差，满分为45分，平均得分为20.14分。北京地区企业环境守法指标得分最好但环境管理水平得分较差的原因有以下3点：

（1）北京地区对于环境保护工作比较重视，政府出台的相关法律法规比较完善，在法律法规的执行上也比较严格，并且 2016 年北京环保部门开展了环境监察执法活动：首先，对重点关注的一些企业实行实时监控；其次，实行市民热线随时举报制度；最后，将燃煤纳入专项检查。完善的法律法规，严格的执法力度，实时监督举报，使得北京地区企业对于环境违法望而却步。

（2）北京处于产业链的高端，其产业优势主要集中在科技和现代服务业，第三产业所占比重最大，重污染行业和制造行业较少。科技和现代服务业不像重污染行业和制造业企业需要进行三废排放，他们只需要在企业内部实行节能减排制度，倡导员工节约用电、节约用水及绿色出行等，基本不存在违反环境法律法规的可能性。

（3）同时可能也正是由于北京地区企业大多为第三产业，环保部门对于第三产业监管不像对重污染行业和制造业监管那样严格，所以造成北京地区大部分属于第三产业的企业自身环境管理水平有待提高。

所以各企业应加强企业内部的环境管理水平，成立环境管理部门，做好环境突发事件的应急预案，并加强环保资金投入。

4.2 天津地区企业数据分析

经过筛选，天津地区企业环境行为信息披露较为完整的企业一共 10 家，以下是根据本篇制定的环境行为评价模型计算的天津地区各企业二级指标得分和一级指标得分以及总分得分情况。

表 4-4　天津地区企业二级指标得分

指标	A_{11}	A_{12}	A_{13}	A_{21}	A_{22}	A_{31}	A_{32}	A_{41}	A_{42}
中源协和	0	0	8.4	3	6	7	7	6	7.2
国机汽车	0	0	9.8	0	6	8.4	8.4	6	6.6
海油工程	0	5	9.8	0	6	9.8	9.8	3	7.2
天药股份	10.4	0	7	0	6	5.6	5.6	6	6.6
百利电气	0	0	8.4	0	6	7	7	6	7.2
天房发展	0	0	7	3	6	5.6	5.6	6	8.4
天海投资	18.2	0	9.8	3	6	12.6	8.4	6	10.2

指标	A_{11}	A_{12}	A_{13}	A_{21}	A_{22}	A_{31}	A_{32}	A_{41}	A_{42}
中储股份	18.2	0	12.6	3	6	11.2	11.2	6	7.2
泰达股份	0	0	9.8	3	6	7	7	6	7.8
一汽夏利	18.2	0	9.8	3	6	11.2	11.2	6	7.8
平均	6.5	0.5	9.24	2.7	6	8.54	8.12	5.7	7.62

天津地区 10 家上市企业环境行为二级指标评分描述性统计情况如下表所示：

表 4-5　天津地区企业环境行为二级指标评分描述性统计

指标	最大值	最小值	均值	标准差
环保资金投入	18.2	0	6.5	8.34
ISO14001 认证	5	0	0.5	1.50
环保意识	12.6	7	9.24	1.56
环境事故	3	1.5	2.7	0.45
环保违法与处罚	6	6	6	0
节能改造种类	12.6	5.6	8.54	2.38
减少排污种类	11.2	5.6	8.12	1.96
投诉与曝光	6	3	5.7	0.9
环保社会声誉	10.2	6.6	7.62	1.01

环保资金投入指标所占比重为 0.26，所以满分为 26 分，天津地区企业得分最高为 18.2 分，最低为 0 分，平均分为 6.5 分。进行环保投资的企业占比仅为 30%，说明各企业对于环保投入差别较大，有七成的企业并未进行环保投资，或者并未披露环保投资情况。ISO14001 认证指标所占比重为 0.05，满分为 5 分，天津地区企业得分最高为 5 分，最低为 0 分，平均分为 0.5 分。进行 ISO14001 认证的企业仅有 1 家，剩余 9 家并未进行 ISO14001 认证。环境事故指标所占比重为 0.03，满分为 3 分，天津地区企业所得平均分为 2.7 分。说明天津企业环保事故发生较少。环保违法与处罚指标所占比重为 0.06，满

分为 6 分，天津地区企业所得平均分为 6 分。均未出现环保违法与处罚情况。由此可以看出天津地区上市企业得分情况最差的指标为 ISO14001 认证，仅有一家进行认证，所以应督促企业进行 ISO14001 认证。

表 4-6　天津地区企业二级指标得分

指标	A_1	A_2	A_3	A_4	A
中源协和	8.4	9	14	13.2	44.6
国机汽车	9.8	9	16.8	12.6	48.2
海油工程	14.8	6	19.6	10.2	50.6
天药股份	17.4	9	11.2	12.6	50.2
百利电气	8.4	9	14	13.2	44.6
天房发展	7	9	11.2	14.4	41.6
天海投资	28	9	21	16.2	74.2
中储股份	30.8	9	22.4	13.2	75.4
泰达股份	9.8	9	14	13.8	46.6
一汽夏利	28	9	22.4	13.8	73.2
平均	16.24	8.7	16.66	13.32	54.92

从一级指标来看，天津地区上市企业与北京地区企业得分情况类似，环境守法指标得分最高，总分为 9 分，得分为 8.7 分。绝大多数的企业都能做到遵守环境相关方面的法律。而环境管理水平指标得分情况最差，总分为 45 分，得分为 16.24 分。所以各企业应加强企业内部的环境管理水平，成立环境管理部门，做好环境突发事件的应急预案，并加强环保资金投入。

天津地区企业得分情况并不乐观，主要原因是天津地区并不像北京一样，拥有特殊的角色地位，并且其产业布局的特点也决定了其并不能像河北地区企业一样，受到国家和政府的严格监控，从而造成了天津地区企业环境行为表现较差。

4.3 河北地区企业数据分析

经过筛选，河北地区企业环境行为信息披露较为完整的企业一共 8 家，以下是根据本篇制定的环境行为评价模型计算的河北地区各企业二级指标得分和一级指标得分以及总分得分情况。

表4-7　河北地区企业二级指标得分

指标	A_{11}	A_{12}	A_{13}	A_{21}	A_{22}	A_{31}	A_{32}	A_{41}	A_{42}
开滦股份	15.6	0	9.8	3	6	12.6	12.6	6	6
三友化工	18.2	5	12.6	0	0	12.6	12.6	0	7.2
保变电气	0	3.5	4.2	3	6	0	0	6	7.2
唐山港	0	5	12.6	3	6	11.2	11.2	6	4.8
冀东水泥	0	5	9.8	0	0	9.8	9.8	3	6
河钢股份	23.4	3	11.2	0	0	9.8	11.2	3	6
新兴铸管	18.2	5	12.6	0	0	11.2	11.2	3	6
冀中能源	20.8	5	12.6	0	0	12.6	12.6	0	9
平均	12.03	3.94	10.68	1.13	2.25	9.98	10.15	3.38	6.53

河北地区8家上市企业环境行为二级指标评分描述性统计情况如下表所示：

表4-8　河北地区企业环境行为二级指标评分描述性统计

指标	最大值	最小值	均值	标准差
环保资金投入	24.7	0	12.03	9.98
ISO14001 认证	5	3	3.94	1.67
环保意识	12.6	4.2	10.68	2.71
环境事故	3	0	1.13	1.39
环保违法与处罚	6	0	2.25	1.98
节能改造种类	12.6	0	9.98	3.92
减少排污种类	12.6	0	10.15	3.94
投诉与曝光	6	0	3.38	2.34
环保社会声誉	9	4.8	6.53	1.18

河北地区企业 ISO14001 认证指标得分情况较好，满分为 5 分，得分为 3.94 分。在八家企业中只有一家未进行 ISO14001 认证。环境事故指标得分情况较差，满分为 3 分，得分仅为 1.13 分，有一半的企业都发生过环境事故，河北企业应在这方面加强监管。

表4-9　河北省地区企业一级指标得分

指标	A_1	A_2	A_3	A_4	A
开滦股份	25.4	9	25.2	12	71.6
三友化工	35.8	0	25.2	7.2	68.2
保变电气	7.7	9	0	13.2	29.9
唐山港	17.6	9	22.4	10.8	59.8
冀东水泥	14.8	0	19.6	9	43.4
河钢股份	37.6	0	21	9	67.6
新兴铸管	35.8	0	22.4	9	67.2
冀中能源	38.4	0	25.2	9	72.6
平均	26.64	3.38	20.13	9.9	60.05

从一级指标来看，河北地区企业节能减排情况得分最高，满分为 28 分，得分为 20.13 分。绝大多数的企业都能做到节能减排。其他指标得分均较为平均，但是还有待加强。河北地区企业虽然在制造业和服务业中均处于产业链的低端，且优势产业中以高能耗、高污染、低附加值的传统产业居多，但是随着这几年政府对于环境保护和污染治理的重视，对河北地区的重污染行业也加大了监管和惩处力度，规定企业必须严格按照排放标准进行三废排放，否则进行整顿查处，严重的甚至停业或予以取缔，使得河北地区企业在节能减排方面做得较好。

4.4 三地结果综合比较分析

通过对以上三个地区企业得分进行整理，三个地区企业的一级指标得分和总分的平均分如下表所示：

表 4-10 各地区综合得分

地区	A1	A2	A3	A4	A
北京	20.14	7.65	19.83	12.91	60.53
天津	16.24	8.7	16.66	13.32	54.92
河北	26.64	3.38	20.13	9.9	60.05

三个地区中总分得分最高的为北京地区企业，得分为 60.53 分，其次为河北地区企业，得分为 60.05 分，最差的为天津地区企业为 54.92 分。

4.4.1 京津冀企业环境行为的地区性差异

京津冀地区企业得分情况有以下几点差异：

（1）北京地区与河北地区企业得分相比，环境管理指标得分情况较差，北京地区企业环境管理水平指标得分仅为 20.14 分，而河北地区企业环境管理水平指标得分为 26.64 分。北京地区企业的环境守法水平得分（7.65 分）和社会公众影响得分（12.91 分）均高于河北地区两个指标得分（3.38 分和9.9 分）。

（2）天津地区与河北地区企业相比，得分较低，原因主要是环境管理水平指标和污染排放强度指标得分情况较差。天津地区企业环境管理水平指标得分仅为 16.24 分，比北京更低，而河北地区企业环境管理水平指标得分为26.64 分；天津地区的节能减排情况指标得分为 16.66 分，河北地区节能减排情况指标得分为 20.13 分；天津地区的环境守法水平指标得分（8.7 分）和社会公众影响得分（13.32 分）均高于河北地区企业的两个指标得分（5.38 分和9.9 分）。

（3）北京地区企业得分与天津地区企业得分的差别主要是环境管理指标不同造成的。

造成三个地区评分不同的原因可能有以下几点：

（1）北京作为我国的首都，相关的法律法规比较完善，对企业的监管自然也比较严格，并且北京的产业优势主要集中在科技和现代服务业，重污染企业和制造企业占比较小，所以企业自身的环境行为表现也比较好。因此作为首都的北京在企业环境行为的评分要高于河北和天津地区的企业。

（2）虽然河北地区的企业大多为第二产业，并且制造业和重污染行业企业居多，仅有少量的服务业还处于产业链的低端，以高能耗、高污染的传统产业居多，但是随着国家近几年来对环境污染治理的重视，以及对重污染行业企业环境监管的加强，河北的大部分制造业和重污染业企业也加强了对企业环境管理的重视，严格按照环境的法律法规要求自己，从以前的乱排乱放，转变为现在的达标排放，甚至节能减排。

（3）天津地区企业在产业分布上介于北京和河北之间，处于产业链的中端，其第二产业和第三产业齐驱并进，共同带动天津地区经济发展。所以政府对天津地区企业的监管并没有像河北那么严格。但是天津又不像首都北京一样，拥有特殊的政治、经济、文化地位，所以政府对企业的监管也并没有像北京一样严格，这种情况导致天津地区企业环境行为评分在三个地区中处于最低的位置。

4.4.2 京津冀企业环境行为的共性问题

通过上述评分和分析可知，目前京津冀企业在环境行为方面还存在着几个共同的问题，主要有以下几点：

（1）企业环境行为信息的披露情况较差。分区域来看，北京地区披露环境数据的企业占北京地区所有上市企业数量的百分比为32.5%，天津地区为31.25%，河北地区为20%，三个地区披露数据的企业所占百分比均较低，其中河北地区最低。三个地区企业环境行为的信息披露情况较差无疑对评价造成了很大的不便，使得政府和一些学者专家不能便利地取得想要的相关信息数据，从而使评价结果形成一定误差，不能对企业环境行为的不足之处进行分析，并提出政策建议。

（2）环保资金投入不足。本篇中企业环保资金投入满分为26分，京津冀三个地区企业平均得分为7.22分、6.5分和12.03分，可以看出三个地区企业在环保资金投入方面均有待加强，尤其是北京地区和天津地区的企业。这就说明企业在生产经营过程中，只关注企业自身的效益发展，鲜少关注企业带来的环境影响。由于企业在治理环境污染时也需要投入一定的资金，但却不会给企业带来显著的短期收益，企业消极怠慢的态度会造成环境管理投入资金不足。随着大众对环境保护的重视，公众在关注企业经济效益的同时，对于企业的环境行为和造成的环境后果也越来越关注。消费者越来越青睐进行绿色生产的、有绿色环保理念的、环境形象好的企业，这些企业在进行市场竞争时也更有优势。所以一个企业要想健康持续发展，必须在消费者、投资者心中树立良好的形象。这就需要企业在环境保护方面做更多的努力，投入一定的资金，引入绿色生产技术和设备。

（3）企业的 ISO14001 认证情况有待加强。本篇的 ISO14001 认证满分为 5 分，除了河北地区企业得分 3.94 分表现稍好一些之外，北京和天津地区企业均应加强企业的 ISO14001 认证，尤其是天津地区企业。企业进行 ISO14001 认证可以为企业带来诸多好处：第一，可以在企业内部建立完善的环境管理体系；第二，可以向外界展示本企业进行环境管理的决心，使得社会公众或者其他利益相关者对企业产生良好的社会印象；第三，也可以使企业在遇到紧急环境事故时能够第一时间做出回应进行处理，以避免形成更大范围的损害；第四，进行 ISO14001 认证的过程也可以使企业在无形中影响和引导员工的思想，让他们意识到进行环境管理是必须的，使其形成环保意识，无论是在以后的生活中还是工作中，都能从自身做起，爱护环境、保护环境。

（4）节能减排及废物再次利用程度低。根据上文数据分析可知，三个地区企业在节能减排指标上得分较为均衡，得分情况较好，但是尚有提升的空间。从单个企业来说，节能减排指标的得分情况相差悬殊，有些企业节能减排及废物再次利用的得分情况较好，但是有些企业不能变废为宝，对于三废的重复使用率很低，有些企业甚至超标排放，不能做到按照国家标准进行排放，更不能很好地对三废进行重复利用。由于国家和政府的强制要求，以及为了企业自身经济效益的发展，京津冀地区的大多数企业能够跟从国家的倡导减少排放、加强废物利用率、降低能源耗费，但从目前来看，效果还不够明显，没有做到这些的企业还有很多，所以还需要更多企业关注这一问题，为改善企业的环境行为付出更大的努力。

（5）企业自身的环保意识比较低。环保意识指标满分为 14 分，三个地区企业得分均为 10 分左右，说明并不是每个企业都有良好的环保意识。虽然这几年政府加大了对企业环境治理的监管力度，无论是迫于政府监管还是为了企业自身长远发展，很多企业的环境行为有所改善，但是仍有一部分企业环保意愿比较低。

4.5 本章小结

本章对京津冀地区的 67 家上市企业的环境行为进行了评价。通过计算得出三个地区中总分得分最高的为北京地区企业，得分为 60.53 分，其次为河北地区企业，得分为 60.05 分，最差的为天津地区企业为 54.92 分。说明目前京津冀企业环境行为存在着许多问题需要解决。造成三个地区企业得分不同有以下两个原因：一是三地区产业分布不同；二是政府对三个地区企业监管力度不同。经过上述得分分析，三个地区企业在环保资金投入、ISO14001 认证、节能减排情况以及企业自身的环保意识方面均应提高。

研究结论与建议

5.1 研究结论

社会的发展给人们的生活水平带来了很大的改善，但是随之相伴的必然是资源的耗费和环境的破坏，企业要想可持续发展必须考虑自身造成的环境影响。本篇基于环境管理学理论、可持续发展理论、经济外部性理论，联系京津冀地区上市公司的特点和京津冀三个地区的发展特点，确定了环境行为评价的指标，利用层次分析法确定各个指标的权重，构建了一套环境行为评价指标体系，建立评价模型，对京津冀地区的上市公司环境行为进行打分。通过对得分结果进行分析，北京地区企业得分最高，为60.53分，河北地区企业得分情况排第二，为60.05分，天津地区企业得分最少，为54.92分，三个地区企业总得分均不乐观。三个地区企业在环保资金投入、ISO14001认证、节能减排情况以及企业自身的环保意识方面均应提高。下面本篇会在这四个方面从政府和企业两个角度提出相关政策建议。

5.2 政策建议

根据上述评价指标体系和对京津冀企业环境行为的评价得分分析，可以从政府和企业本身两个角度为京津冀地区企业提出以下政策建议，以促进企业环境行为水平的提高，实现社会环境的保护。

从政府角度：

（1）完善环境法律法规体系建设。在现代社会，追求利益最大化才是企业的根本目标，如果没有来自于政府法律法规方面的规制，企业一般不会去主动披露环境行为的信息，也不会主动进行环境污染治理。虽然法律法规中有一些条例是关于环境治理和信息披露方面的，但是这些条例还未形成一套完整的体系，在一定程度上缺乏科学性和现实意义。因此为了规范企业的环境行为，政府有必要对当前环境方面的法律法规进行完善、细化和扩充，加大对企业环境行为信息披露的监管力度和企业污染环境的惩处力度，使企业自觉进行环境行为信息披露和污染治理。

（2）加强企业进行 ISO14001 体系认证的监管。有些企业可能没有意识到给企业进行 ISO14001 认证，政府可以通过 ISO14001 认证对一些企业设定相关的门槛，比如可以规定一些重污染行业企业上市必须通过 ISO14001 体系认证。也可以对通过了环境管理体系认证的企业给予一定的奖励，比如对通过了环境管理体系认证的企业予以通告表扬，在评选一些有关环境方面的奖项时可优先参选等。

（3）加强对企业达标排放方面的监督力度。将三废进行处理后再排放进入自然环境需要企业花费一定的资金成本，为了短期的利益企业不会进行积极处理，所以需要政府加强对企业达标排放的监管力度。第一，政府可以成立专门的企业巡视小组，定期以及不定期以抽查的方式对企业进行现场监控以及三废排放检测，对于按照规定积极进行节能减排的企业予以表扬，对于未达标排放的企业可以采取罚款、停业整顿或者吊销营业执照等惩罚措施；第二，政府应该设立群众的投诉渠道，也应该监督企业设置相关投诉渠道，公众的投诉应安排专门人员进行处理、回访。投诉渠道还应尽可能地公开化、透明化，让公众可以随时了解到污染的解决过程。

从企业角度：

（1）加强企业环保意识。提高环保意识是治理环境污染，进行环境保护的根本所在，也是实现京津冀企业可持续发展战略的最有效途径。这一方面京津冀三个地区的企业所得评分均有待提高，特别是天津地区企业的环保意识更有待提高。企业应该组织一些环保教育活动，还应倡导员工多关注和参加社会上其他团体组织的环保活动，通过这些活动，让员工形成节能减排意识。使员工无论是在企业的生产经营过程中还是平时工作生活中都有绿色环保的意识。

（2）增加环保投入，引进环保技术，积极节能减排。环保投入是环境污染能否得到预防和治理的重要因素，也是企业环境行为能否得到改善的关键点。加大环保投入力度是治理环境污染，成功开发绿色产品、进行绿色生产的基本保证。虽然现在已经有很多企业意识到要想取得自身的健康持续发展就需要树立良好的环保形象，并且已经投入资金到环境治理项目中，但是环境给企业带来的收益具有滞后性，这便对企业的短期利益造成损失，使得大部分企业不愿进行环保投资。科学技术是企业的第一生产力，在环境保护方面，也是同样的道理，企业要想以低成本做到环境保护和污染的防治，必须以科技武装自己，加大创新和先进生产设备投入力度，降低生产过程中产生的污染及能耗，提高"三废"的回收利用。

（3）加强企业 ISO14001 认证，加强自身的环境行为评价体系建设。京津冀地区的企业应建立统一健全的环境行为评价制度，例如：企业应对某些环境指标进行强制披露，在披露之后首先进行企业环境行为自评，然后将评价结果在官网或者其他环境相关网站进行披露，接受政府和公众的监督。除此之外，企业对环境的保护应该更加深入，比如可以设置环保部门，并指派专业人员进行管理，定期对环境行为信息进行评价，进行核算，以便进行企业环境行为监管。利用得到的环境数据进行分析，及时进行环境行为评价。

5.3 研究局限

现阶段对于环境行为的研究还不成熟，尤其缺乏对京津冀地区企业的环境行为的研究。且环境行为研究涉及面广，加之本人能力有限，使得本篇在很多方面存在不足，还应该在以后的研究中进一步完善京津冀企业环境行为综合评价。本篇的不足主要包括以下两点：

（1）环境行为评价指标的选取有待补充和完善。一方面是因为环境行为评价问题结合了环境、会计和数学等学科，受多方面因素的影响，而京津冀地区的环境问题也受诸多因素影响，十分复杂，所以对于环境行为评价指标体系的研究是一个随着社会科技发展和进步不断更新、不断充实，进而不断完善的过程。由于公众开始越来越多地关注企业在发展过程中所带来的环境问题，进而呼吁企业披露更多有关环境治理方面的信息。如果企业能够详细地披露环境信息，公众会给予企业一个客观的评价并对企业留下良好的印象。希望在以后的研究中将会选取更多完善的数据和客观的指标来反映京津冀地区上市公司的环境行为问题；二是本篇所选取的各评价指标之间并不严格独立，这就使我们建立的环境行为评价系统并不是百分百客观公正。因为难以找到完全独立的评价指标，所以评价的结果和得分可能包含重复得分部分，相信在以后的研究中可以选取更加独立的指标，或者找到更加先进的评价方法来克服这个问题。

（2）由于三个地区企业所在行业不同，具体指标的应用效果会有所差异。本篇是结合京津冀三个地区的特点，运用统一的指标来对上市企业进行环境行为的评价，评价指标的选取没有结合某一具体的行业特点和地区特点，在以后学者的研究中，可以针对不同情况制定更加具有相对性的指标体系，使研究结果更全面准确，也更具说服力。

参考文献

［1］Johan Thoresen，"Environmental performance evaluation-a tool for industrial improvement"，*Journal of Cleaner Production*，1999，7（5）：pp. 365-370.

［2］樊磊、刘慧、张越阳、黄哲："包头市企业环境行为信用评价指标体系研究"，载《环境科学与管理》2016年第5期，第17~20页。

［3］肖风："港口企业环境行为评价机制研究、应用现状及对上海港启示"，载《城市公用事业》2010年第6期，第1~3、49页。

［4］陈汛："企业环境绩效评价：在中国的研究与实践"，载《海峡科学》2008年第7期，第30~34页。

［5］罗文兵、刘爱东、邓明君："我国重污染行业上市公司环境经营等级评价研究构思"，载《中南大学学报（社会科学版）》2013年第1期，第1~6页。

［6］谭静、孙华："企业环境绩效评价方法及其在我国的实际应用"，载《重庆行政（公共论坛）》2011年第3期，第91~92页。

［7］中华人民共和国环境保护部：《关于企业环境信用评价办法（试行）（征求意见稿）的编制说明》，2013。

［8］关阳、李明光："企业环境行为信用评价管理制度的实践与发展"，载《环境经济》2013年第3期，第47~51页。

［9］熊纬："企业环境行为评价对环境管理工作作用初探"，载《九江学院学报》2007年第6期，第93~95页。

［10］吴玫玫、张振华、林逢春："基于Internet的企业环境信息公开评价及实证研究——对2006年中国500强企业环境信息公开度的分析"，载《中国人口·资源与环境》

2008 年第 4 期，第 201~205 页。

　　[11] 周曙东："企业环境行为绩效综合评价指标体系研究"，载《中国国情国力》2011 年第 11 期，第 52~55 页。

　　[12] 贾妍妍："环境绩效评价指标体系初探"，载《重庆工学院学报》2004 年第 2 期，第 74~76 页。

　　[13] 刘德银："企业环境绩效综合评价探讨"，载《理论与改革》2007 年第 1 期，第 106~108 页。

　　[14] 张劲松："企业环境行为信息公开及其评价模型研究"，载《科技管理研究》2008 年第 12 期，第 258~261 页。

　　[15] 张艳、陈兆江："企业绿色供应链中基于标杆管理的环境绩效评价"，载《财会月刊》2011 年第 27 期，第 51~53 页。

　　[16] 周英男、李振华："上市公司环境行为评价模型研究"，载《中国人口·资源与环境》2014 年第 24 卷第 2 期，第 200~203 页。

　　[17] 王燕、王煦、赵凌云："钢铁企业环境绩效评价指标体系研究——基于生态文明的视角"，载《生态经济》2016 年第 10 期，第 46~50 页。

　　[18] 金声琅、曹利江："黄山市酒店服务业环境绩效评价模型研究"，载《资源开发与市场》2007 年第 12 期，第 1131~1133、1142 页。

　　[19] 鞠芳辉、董云华、李凯："基于模糊方法的企业环境业绩综合评价模型"，载《科技进步与对策》2002 年第 3 期，第 93~95 页。

　　[20] 赵丽娟、罗兵："绿色供应链中环境管理绩效模糊综合评价"，载《重庆大学学报（自然科学版）》2003 年第 11 期，第 155~158 页。

　　[21] 刘焰、邹珊刚："上市公司购并绩效评价的新指标——创值"，载《上海经济研究》2001 年第 7 期，第 41~44、49 页。

　　[22] 陈静、吕丹、许鹏飞："基于环境行为的企业环境管理评价研究——以 H 省为例"，载《环境监控与预警》2014 年第 6 期，第 58~60 页。

　　[23] 王凤、王爱琴："企业环境行为研究新进展"，载《经济学动态》2012 年第 1 期，第 124~129 页。

　　[24] 贺晓颖："员工的企业社会责任感知与其亲环境行为的关系：环境关心的中介作用"，天津师范大学 2017 年硕士学位论文。

　　[25] Frank Dixon, Whittaker Martin, "Valuing Corporate Environmental Performance: Innoversti's Evaluation of the Electric Utilities Industry" *Corporate Environmental Strategy*, 1999, 6 (4): pp. 343-354.

　　[26] 孙帅一："基于决策树的企业环境行为信用评价的应用研究"，中南大学 2013 年硕士学位论文。

[27] P. D. Eogana, E. Joeresb, "Development of a facility-based environmental performance indicator related to sustainable development", *Journal of Cleaner Production*, 1997, 5 (4): pp. 269-278.

[28] 吕凯："外部因素对企业环保行为的影响及评价研究"，天津大学 2010 年博士学位论文。

[29] 方惠等："基于环境规制的中国出口企业绩效分析研究——以电子信息出口企业为例"，载《生态经济》2008 年第 4 期，第 120~123 页。

[30] 金基瑶、杜建国："企业环境创新行为研究述评——基于理论的演进脉络"，载《商业经济研究》2017 年第 11 期，第 100~102 页。

[31] Tyteca, D., "Linear Programming Models for the Measurement of Environmental Performance of Firms——Concepts of Empirical Results", *Journal of Productivity Analysis*, 1997, 8: pp. 175~189.

[32] 周曙东："'两型社会'建设中企业环境行为及其激励机理研究"，中南大学 2012 年博士学位论文。

[33] 吴翊民："基于成本收益的企业环境信息披露研究"，南开大学 2009 年博士学位论文。

[34] 韩春伟："基于企业可持续发展的业绩评价研究"，山东大学 2009 年博士学位论文。

[35] 李婷洁："基于企业价值最大化的企业经营绩效评价体系研究——EVA 评价体系的建立与应用"，天津财经大学 2008 年硕士学位论文。

[36] 梅雨、熊剑："基于可持续发展战略的企业绩效评价研究"，载《财会通讯》2013 年第 12 期，第 101~103、129 页。

[37] 黄敬宝："外部性理论的演进及其启示"，载《生产力研究》2006 年第 7 期，第 22~24 页。

[38] 张宏军："西方外部性理论研究述评"，载《经济问题》2007 年第 2 期，第 14~16 页。

[39] 丁艳秀："企业环境绩效审计评价指标体系研究"，长沙理工大学 2009 年硕士学位论文。

[40] 潘霖："中国企业环境行为及其驱动机制研究"，华中师范大学 2011 年硕士学位论文。

[41] 许阳阳："基于低碳经济的第三方物流企业环境绩效评价研究"，云南财经大学 2012 年硕士学位论文。

[42] 王岩明、周全："论企业业绩评价的平衡记分卡法"，载《数量经济技术经济研究》2003 年第 2 期，第 96~99 页。

［43］赵秀芳：“基于价值管理的企业价值评估体系研究”，厦门大学 2005 年硕士学位论文。

［44］毛健、赵红东、姚婧婧：“人工神经网络的发展及应用”，载《电子设计工程》2011 第 24 期，第 62~65 页。

［45］李红超：“关于人工神经网络的应用研究”，载《电脑知识与技术》2014 年第 6 期，第 1285~1286 页。

［46］马瑞恩：“利用模糊评价法对企业环境效益进行评价”，载《山东省青年管理干部学院学报》2009 年第 2 期，第 127~130 页。

下 篇

京津冀企业环境行为的市场反应

提　要

公众对企业环境行为的关注集中体现在对企业环境事件的市场反应上面。环境事件是人类经济社会发展过程中发生的与环境相关的事件，包括造成或可能造成环境污染或生态破坏的负面环境事件和主动承担环保责任或被动避免环境问题发生的正面环境事件。环境事件信息发布后，会引起投资者、消费者、政府部门以及社会公众等各利益相关者和资本市场对企业环境行为的关注，从而进一步推动企业树立正确的环境价值观，在生产经营过程中重视环境管理，加大在环境保护和生态建设方面的投入。

本篇收集2014年至2018年京津冀重污染行业上市公司报告的环境事件信息，采用事件研究法，通过计算累计异常收益率和平均异常收益率来考查某个时段内和某个时刻环境事件的市场反应，并引入累计异常收益定额研究环保法规对企业环境行为的推动作用。研究结果表明：企业环境事件的累计平均异常收益率显著，资本市场对企业正面环境事件会产生积极反应，对企业负面环境事件会产生消极反应，但市场的超前反应表明资本市场存在信息泄露或披露滞后的问题；环保法规的制定和出台有助于资本市场对企业环境事件做出反应，通过奖惩机制影响企业的环保成本进而推动企业履行环保责任；相对于正面环境事件，资本市场对负面环境事件没有表现出更为显著的反应。建议政府部门要强化企业环境信息披露制度，不断完善上市公司环境事件信息披露体系，积极建立环保绩效考核制度，加强对资本市场的监管力度，提高市场效率；企业要不断增强环保意识，转变经营理念，积极进行环境管理，重视环境会计核算；同时也要发挥社会大众的力量，强化环保舆论宣传，建立多部门协同监管机制，实现环境信息数据共享。

绪 论

经济社会快速发展的同时，相关环境问题日益突出，影响着全球经济的发展。作为最大的发展中国家之一，1978年改革开放以来，中国经历了迅速变化，成为世界上最大的经济体之一。然而，经济的增长带来了严重的环境问题，许多企业唯利是图，频频发生危害老百姓的事故，本应该是企业标杆、行业龙头的上市公司，更是屡屡引发环境污染事故，如三鹿集团三聚氰胺事件、福建紫金铜矿污水渗漏事故、河北钢铁公司大气污染以及中石油长庆油田分公司水污染等，受到社会各界的严厉谴责。规范企业环境行为除加强政府监管外，研究企业环境事件的资本市场反应，可能为充分发挥市场的自发监督机制，进行制度设计提供相应理论基础和实践数据支持。

1.1 研究背景与意义

1.1.1 研究背景

政府部门对环境污染给予了极大的关注，并密集制定和颁布相关的环境法规，以约束企业的环境行为。自2003年以来，政府一直倡导公司遵循环境信息披露制度和环境行为评估制度。2005年，中国政府颁布了《国务院关于加强环境保护执行科学发展观的决定》（国税号：[2005] 39号），要求企业披露环境信息。2008年，中国证券监督管理委员会颁布了《关于在环境敏感行业经营公司上市（首次公开发行）申请文件的通知》（文件编号：[2008] 6号），规定对于申请在环境敏感型行业进行经营的企业，必须提供国家环境保护局的调查意见。2010年，环境保护部发布的《上市公司环境信息披露指引》（征求意见稿），提出上市公司应公布年度环境报告，让公众得以了解一个企业的环境行为。2015 年新环保法实施，将"重拳"指向排污企业，进一步加大处罚力度，对于屡次违法排污行为，拟逐次按日计罚。随着监管部门相关法律法规的完善和相应治理政策及监管措施的出台，企业的行为受到极大限制。

随着社会公众环保意识的提高，广大投资者也越来越重视企业的环保理念和环境管理，尤其是上市公司，如果发生突发环境事件，其品牌形象和企业声誉将会大打折扣，进而影响投资者的信心，导致企业股价下跌，市值下降。例如，加拿大和美国的上市公司在宣布环境不利消息后市场价值开始下降，[1] 紧接着石化公司在接下来的两天内市场价值平均下降 1.3%。[2] 阿根廷、智利、墨西哥和菲律宾的资本市场确实对坏消息产生了负面反应，比如针对特定公司的公民投诉。[3] 一项关于印度公司股价是否受到公司自身环境表现影响的研究发现，公司的市场价值在环境不友好的行为之后出现下降的情况；此外，环境表现不佳的公司产生了负面的。AR[4] 未遵守国家环保法律法规的韩国公司，其市场估值显著下降。[5] 中国石化茂名分公司化工事业部于 2005 年被授予"环境友好企业"称号，其中国石化股价在授予当日上涨 1.8%；2012 年开滦能源化工公司从获奖后第三日开始，股价持续上涨，涨幅近 7%。可见，环境事件已经开始影响资本市场，企业环境绩效与财务绩效之间的关系越发密切，并不断体现在证券市场中，利益相关者可以通过收集和监察企业和市场经济数据进行投资预测，这将进一步推动利益相关者关注和重视企业环境责任履行情况。企业环境事件信息披露渐渐成为政府监控企业污染行为的一项措施，资本市场对企业环境事件的反应变化也将成为衡量我国环保型经济发展趋势的一个指标。

京津冀地区作为我国最大的人口集聚区和经济核心地带之一。随着京津冀协同发展战略上升为国家战略、2022 年冬奥会申办成功等重大部署的推进，该区域环境问题再次成为国家和全社会关注的焦点。十八大以来，中央致力于全面治理京津冀地区环境污染问题，并在一定程度上改善了该区域环境质量。然而，京津冀地区仍然存在着"雾霾锁城"、水资源短缺和水环境恶化等问题，这与"大气十条""水十条"和生态文明建设的目标以及要求有很大不同。火电、钢铁、水泥及电解铝等重污染行业是环境问题的头号杀手，对环境治理负有不可推卸的责任。因此，企业有必要披露相关的环境事件信息，为社会大众、消费者、投资者及政府等企业环境信息使用者提供一个了解和监督企业环境行为的平台，也有利于企业未来的可持续发展。2013 年 9 月国务院发布的"大气污染防治行动计划"明确指出，2017 年度京津冀全区细颗粒物浓度要比 2012 年度下降 25%；2014 年 7 月颁布的"京津冀地区生态保护总体规划"，更是从政策角度为京津冀地区的环境保护一体化提供了指导和保障。

本篇试图通过分析京津冀重污染行业上市公司的环境事件信息，分析资本市场对企业环境事件的市场反应，探讨企业环境行为背后的制度动因和市场动因，推动企业提高环保意识，引导企业良性环境行为，同时加强资本市场运营监管，完善政府部门出台的环境法规和政策。

1.1.2 研究意义

本篇在现有理论研究成果的基础上，更为全面地选取在环境方面受到大众诟病的京津冀重污染行业企业，分析样本公司环境事件信息研究现状，确认公司公布的环境事件和政府颁布的相关环保法律法规，并采用事件研究方法验证公告期后环境事件对投资者决策的影响，探讨监管机构应采取怎样的具体政策，以及企业应如何改善其环境行为。总之，本篇研究的主要意义如下：

（1）理论意义：在现有理论研究成果的基础上，对京津冀重污染行业上市公司环境事件的市场反应进行研究，将对进一步完善企业环境行为的实证研究，丰富政府环境监管理论，拓宽企业环境行为动因研究的深度和广度提供一定的理论参考价值。

（2）现实意义：利用事件研究法对京津冀重污染行业上市公司环境事件的市场反应进行实证研究。对企业而言，有助于树立正确的环境价值观，采取积极的环境行为；有利于企业管理层制订统筹经济利益与社会责任的发展战略，从而实现更高水平的环境管理。对政府而言，可以据此制定更具针对性的环境监管政策，科学合理地引导、规制企业的环境行为，提高企业环境行为监管的效率和效果。

1.2 研究思路

本篇按照理论基础——实证研究——政策建议的逻辑思路展开论述。首先对企业环境事件进行界定，回顾了环境事件、环保法规与企业股票价格相关关系的文献及理论，然后就企业正负面环境事件以及相关环保法规对资本市场股票价格的影响程度展开实证研究，最后在分析实证结果的基础上从企业和政府的角度提出相关政策建议。具体研究路线图如图1-1所示。

第1章为绪论。结合当前社会各界对环境问题的态度和处理措施，从企业环境行为角度阐述了研究背景，从理论和实际两方面阐述了研究意义，最后介绍了文章的研究思路、研究方法和创新点，并提供了研究路线图，清晰地展现了本篇的研究脉络。

第2章为文献回顾。首先对企业环境事件进行概念界定，然后从企业环境事件的影响因素、企业环境事件的市场反应、企业环境信息披露监管三个方面对国内外相关文献进行整理和回顾。

第3章为理论基础。论述环境事件与股票价格的相关理论，包括利益相关者理论、信息不对称理论、决策有用理论、有效市场理论等，为本篇的研究提供理论支持。

第4章为环境事件市场反应的实证分析。以2014年至2018年京津冀重污染行业沪深A股上市公司为样本，通过公众环境研究中心、社会责任报告、上市公司官网、可持续发展报告、环境报告书、新浪财经网站获取数据来源，确定企业环境事件，然后以环境事件报告日期为基础，定义事件窗口和估计窗口，采用事件研究法，建立市场模型。最后，对实证结果进行分析。

第5章为研究结论与展望。基于上市公司环境事件市场反应的实证结果分析，对实证结论进行总结。在此基础上，本篇提出改善京津冀上市公司环境行为的建议，同时提出在研究设计和研究内容方面存在的不足，并对未来如何展开进一步研究进行了展望。

```
                        绪论
        ┌───────────────┬───────────────┐
    研究背景与意义      研究思路      研究方法与创新点

                      文献回顾
    ┌──────────┬──────────┬──────────┬──────────┐
企业环境事件  企业环境事件  企业环境事件  企业环境信息   本章小结
的概念界定    的影响因素    的市场反应    披露监管

            企业环境事件研究相关理论基础
    ┌──────────┬──────────┬──────────┐
利益相关者理论  信息不对称理论  决策有用理论   有效市场理论

            环境事件市场反应的实证分析
┌──────────┬──────────┬──────────┬──────────┬──────────┐
确定研究的事 样本的选择   研究假设的   数据的计算   实证检验结  实证结果
件及事件窗口 及数据来源   提出                   果及分析    汇总

              研究结论与展望
    ┌──────────┬──────────┐
    研究结论      政策建议    研究局限性及展望
```

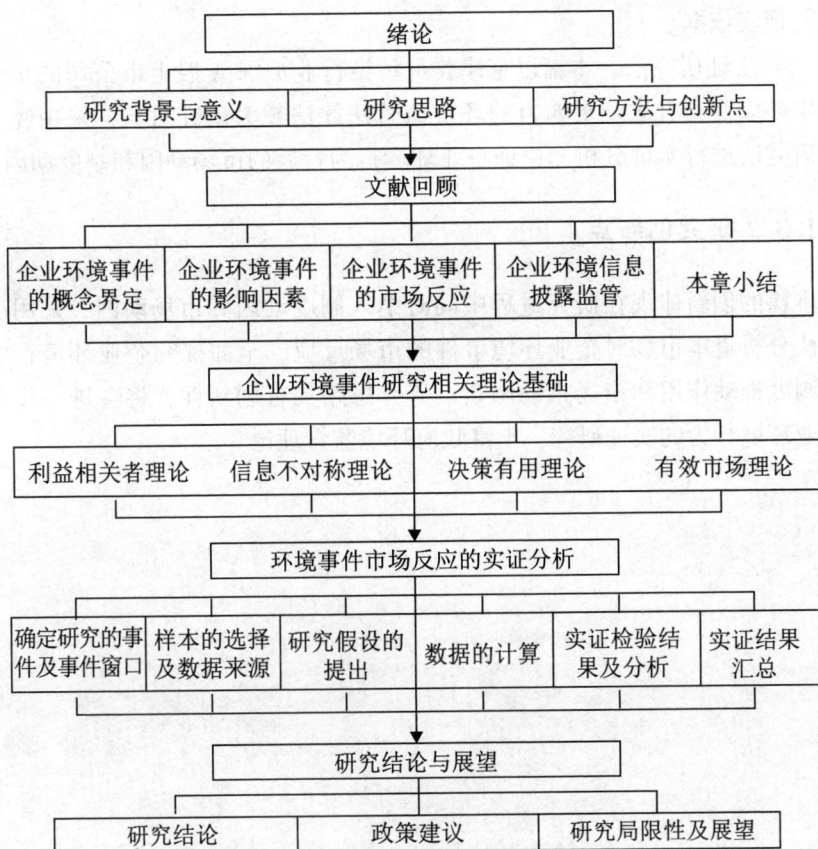

图 1-1　研究路线图

1.3 研究方法与创新点

1.3.1 研究方法

本篇采用理论分析和实证研究相结合的方法进行论证。

（1）理论分析方法。本篇在收集整理国内外相关文献的基础上，分析了支撑研究主题的四大理论：利益相关者理论、信息不对称理论、决策有用理论和有效市场理论。明确研究主题的理论基础和作用机理，并分析当前中国京津冀重污染行业上市公司的环境行为，将理论与事件有机结合起来，为激励企业形成正确的环境价值观，强化环境管理，提高环境信息披露质量提供理论与现实依据。

（2）实证研究法。本篇以京津冀重污染行业沪深 A 股上市公司的正负面环境事件以及具有重要影响力的环境监管法律法规为研究对象，采用经典的事件研究法进行实证分析，论证企业环境行为背后的市场动因和制度动因。

1.3.2 研究创新点

本篇的创新体现在研究过程中同时纳入制度动因和市场动因，采用事件研究法分析资本市场对企业环境事件的市场反应，全面探究企业环境行为背后的制度推动作用和市场推动因素。研究思路具有创新性，将会进一步完善对企业环境行为的实证研究，丰富政府环境监管理论。

文献回顾

国内外许多国家都不可避免地经历了先污染后治理的经济发展过程,以环境为代价的经济增长模式带来了一系列环境问题,给人们的生活带来了诸多困扰,也制约着企业的长远发展。在这样的大背景下,上市公司披露的环境事件信息开始引起社会各界的关注。国内外学者纷纷从不同视角对上市公司环境事件进行研究,以帮助企业树立正确的环境价值观,改善企业不良环境行为,推动企业绿色发展。本章梳理和比较了国内外相关文献成果,特别是关于上市公司环境事件市场反应的研究文献,在借鉴和分析现有文献的基础上提出本篇的研究方向。

2.1 企业环境事件的概念界定

企业环境事件是人们对于企业环境行为的描述。随着环境保护意识的不断增强,人们逐渐开始关注企业自觉披露或强制披露的与企业环境信息和环境行为息息相关的所有正面环境事件和负面环境事件,在促使企业优化投资决策的同时也不断丰富和深化对企业的环保要求。

在国外的研究文献中,企业正面环境事件是企业自愿或非自愿采取的用来提高企业环境绩效或遵守环境法律法规的行为;企业负面环境事件是企业发生的对环境造成恶性影响或违反国家环境法规制度的行为。Corbett 在如何评估实际环境绩效的研究中指出,企业正面环境事件是企业在创造经济利润的同时保护环境或为消除负面环境影响而采取弥补措施的行为;负面环境事件是企业以牺牲环境为代价的经营模式下的不良环境行径。[6] Sarkar 认为,企业正面环境事件是公司迫于外界压力或响应国家号召而采取的比较积极的环境管理手段，以及从环境管理到环境战略转变过程中实施的一些举措，可以有效降低对环境造成的污染；而企业负面环境事件是企业环境效益与经济效益失衡下对环境的破坏和污染行为。[7] Hines 和 Hungerford 等学者对企业环境事件赋予了具体定义，认为是企业在社会责任感和环境价值观推动下的有意识的行为，这种行为的结果会造成或避免环境问题的发生，[8] 企业环境事件的发生基于企业的选择，体现出企业是否拥有责任意识，是否拥有长远的战略眼光。

国内关于企业环境事件的相关研究起步较晚，起初对企业正面环境事件的界定比较片面，如陈雯和左文芳等认为企业正面环境事件是企业在外界压力下的环境响应行为，是企业在面对外部环境压力时为了减少污染、保护环境所做出的一系列环境响应过程；这一过程与环境压力相互作用，从而刺激了企业的积极环境行为。[9] 随着可持续发展理念的逐渐深入，企业的环境行为不断改善，相应地，国内学者也不断丰富企业环境事件的内涵。李富贵、甘复兴、邓德明、徐兵等认为，企业通过对其环境因素进行管理发生的正面环境事件，可以促使企业在竞争中处于有利地位，获取更大利润；反之，如果企业忽视环境管理，导致负面环境事件频发，则会带来一定环境成本，影响企业经济效益。[10] 王京芳、周浩、曾又其等指出，企业正面环境事件是企业在生产经营活动中把环境因素纳入环境管理的过程，通过采取一系列环境措施，力求降低企业对环境的不利影响；负面环境事件是企业只重视利润最大化，忽视环境绩效，缺乏相关环境举措，致使企业因污染环境而受到相应处罚的行为。[11] 周曙东则把企业的价值取向融入进来，他认为企业正面环境事件是企业在可持续发展理念的指导下，主动承担环境责任，在生产经营中进行有效的环境管理，实现经济效益与环境效益双赢的行为；企业负面环境事件是企业只注重眼前利益，不重视可持续发展，逃避或推卸社会环境责任的行为。[12]

2.2 企业环境事件的影响因素

国外学者从多个角度对企业环境事件发生背后的影响因素进行了研究和分析。从外部因素的角度来看，许多学者关注的焦点往往集中于企业财务压力、政府环境管制、居民社区和社会公众压力等方面。Olson 认为政府对企业进行管制可以有效规范企业环境行为，企业发生正面环境事件或防止负面环境事件发生的主要原因是迫于严格的环境管制带来的压力；[13] Arora 与 Cason[14]、Brooks 与 Sethi[15] 的研究结论相似，都表明社区的经济特征（如收入水平和失业率）以及选民投票率将会影响企业负面环境事件的披露情况和企业的环境行为；Arora 和 Gangopadhyay 发现消费者的收入水平越高，购买环保产品的意愿就越高，[16] 促使很多企业为了吸引高收入消费者而重视环境管理；Khanna 等学者通过考察发现，投资者会对企业重复公开披露环境信息做出反应，[17] 因此，企业要想获得稳定或上升的股票市场回报率，必须树立正确的环境价值观，重视环境质量。从企业内部影响因素来看，企业规模、所处行业、所有权性质、财务状况和管理者环保意识等不同，企业会采取不同的环境行为，从而导致不同环境事件的发生。Welch 和 Mori 通过实证研究发现，企业组织规模越大，发生良好环境行为和正面环境事件的可能性就越大；[18] Henriques 以加拿大承担环保责任的企业为样本进行研究，发现进行环境规划和环境管理的往往是自然资源部门而不是服务部门；[19] 关劲峤等学者分析太湖流域印染企业环境事件发生背后的影响因素，结果显示私有企业和合伙企业环保投入高于国有企业和集体企业，中型企业环保投入高于小型企业；[20] Gottsman 和 Kessler[21]、Earnhart 和 Lizal[22] 对企业财务状况与企业环境事件之间的关系进行探究，发现财务状况好的公司更容易采取积极的环境行为，更容易发生正面环境事件；Downing 和 Kimball 认为企业管理层注重企业环保形象会促使正面环境事件的发生。[23]

国内学者从多种视角将环境事件的影响因素进行分类，使得研究具有更强的逻辑性。刘红明从宏观、中观以及微观的视角出发，认为影响企业环境事件的宏观因素主要为市场压力、政府相关部门和社会公众；中观因素主要是公众参与、市场制度和环保法规等会给企业带来压力和约束的因素；微观因素主要为管理者特征、企业经济实力及企业所处行业特征等制约企业将外在不利条件转化为内在资源的因素。[24] 邱桂杰和彭辉认为企业环境事件的影响因素可以分为积极因素和消极因素，其中，政府部门对企业环境行为进行管制、社会大众舆论导向和营造自由竞争的市场环境可以促使企业正面环境事件的发生；反之，政府部门缺乏环境监管机制设计、社会公众环保意识薄弱和市场存在恶性竞争等会导致企业负面环境事件的发生。[25] 周德群和周群艳发现企业主要出于利润动机（利润增长）、行政动机（环保政策的约束）

和事业动机（可持续发展）进行环境管理;[26]宋宝莉认为消费者的绿色消费观念、员工的绿色要求和股东的社会责任理念会促使企业形成环境价值观，主动承担环保责任;[27]陈江龙等学者通过考察无锡市太湖周边的工业企业的绿色化发展进程，发现政府对企业实施环境管制可以有效推动企业实行绿色生产；而企业所处区域、所有制类型和规模大小也影响着企业的环境行为，相对于外资企业和民营企业，国有企业和集体企业在生产经营过程中会更加注重履行环保责任。[28]

2.3 企业环境事件的市场反应

西方学者研究发现，资本市场在企业环境事件信息报告或公布之前就已经出现了正面或负面反应。Shane 和 Spicer 使用事件研究法研究了美国公司环境事件信息引起的市场反应，发现资本市场在企业环境报告发布前两天出现了显著的负面反应。[29]企业公布的负面环境事件将对上市公司股价产生消极影响，正面环境事件将对上市公司股价产生较强的积极影响。LaPlante 和 Lanoie 以加拿大公司为样本，分析发现当公司的负面环境事件信息被公布时，上市公司股票价值会下降;[30]Hamilton 收集了美国环境保护署 1989 年公告的企业排放有毒物质的相关资料，研究表明，媒体和投资者对排污数值（废气排放物、毒害副产品）高的企业关注度也高，从而引发公司股价大幅下跌;[31]Klassam 和 McLaughlin 认为企业出现环境污染等环境问题时，社会公众会形成一种弱环境管理的印象，公司市值会呈现负回报倾向，每当一家普通公司发生环境污染事故时，公司的市场价格将损失 3.9 亿美元；而受到环境奖励的上市公司披露环境事件信息可以带来良好的财务业绩，公司的市场价格呈现正回报倾向，其中被授予环境绩效奖项的公司，其市场价格平均涨幅为 0.8 亿美元。[32]Jacobs 考察了 2004 年至 2006 年 3 年间资本市场对企业环境事件的反应，发现环保慈善捐赠和 ISO14001 认证事件发生后，市场呈现显著积极反应；自愿减少污染物排放事件发生后，市场反而呈现显著消极反应。[33]Patten 和 Nance 针对美国阿拉斯加原油泄露事件展开分析，结果显示，事故发生后美国批发和零售汽油价格大幅度上涨，但事故发生后的 15 个交易日内除 Exxon 外的 25 家美国石油公司的异常回报（CARs）显著为正。[34]

目前我国学术领域关于企业环境事件的市场反应的研究比较少，且集中在最近几年。孙俊奇等学者从资本市场角度出发，对上市公司环境绩效信息进行考察后发现，公司股票价格会反映不良环境绩效信息，尤其是当投资者占股比例较高而管理层权力较小时。[35]孔东民等在研究 2010 年我国企业环境污染事件对上市公司的影响时，采用累计异常收益率作为市场反应指标。通过分析发现，污染事件的发生导致股市累计收益率为负，之后负累计异常收益率会渐渐消失。[36]刘正阳分析研究政府监管机构出台环保政策和上市公司公告环境事件信息是否会引起市场反应，结果表明市场没有发生明显变化，但是公司自愿披露企业环境事件信息的举动会在一定程度上带来股票价格的上涨。[37]胡华夏、胡冬研究发现，上市公司公告环境事件信息后，资本市场无明显反应。[38]这说明目前我国资本市场效率低下，股票价格不能包含所有环境事件信息；投资者不重视环境绩效，公司大多时候是被迫公布不完整、低质量甚至是虚假的环境信息。

2.4 企业环境信息披露监管

国外研究倾向于从弥补市场失灵的视角探讨环境信息披露监管问题。通常，政府在施政过程中引入环境监管措施或企业环境事故的发生将对资本市场中相关公司的股价造成负面影响。但 Patten 研究发现，预先公开企业环境事件信息的公司可以减少这种负面反应的程度。[39]Wilmhurst 和 Frost 认为，在环境事件信息披露决策过程中，管理层会重点关注股东的观点和相关立法规定。[40]Freedman 和 Patten 对 112 家美国企业进行抽样调查，发现相关环境政策出台后，财务报告中环境事件信息披露较少的公司比披露更广泛的公司遭受更多负面市场反应，说明披露环境事件信息可以削弱由于环境保护政策出台而导致的市场负面反应。[41]Barth[42]，Hughes[43] 和 Alciatore 等[44]通过研究证明，FASB、SEC 和其他监管机构出台的相关环境法规对环境事件信息披露有重大影响。2000 年颁布的《公平披露法案》（FD）和 2002 年颁布的《萨班斯–奥克斯利法案》（SOX），促使学者们对政府监管与信息披露之间的关系进行了研究。Akhigbe 和 Martin 的研究表明，SOX 法案要求企业披露他们原本可以选择保留的信息。[45]Kolstad 的研究表明环境监管对提高环境质量起到了积极作用，政府可以通过强有力的环境监管要求企业承担更多的环境责任。[46]

国内专门研究上市公司环境事件信息披露及政府监管的文献相对较少。卢馨和李建明以上交所 A 股制造业 442 家上市公司为样本，对我国企业环境事件信息披露制度进行研究。统计分析了 2007~2008 年我国上市公司环境事件信息披露行为的变化，认为我国上市公司环境事件信息披露在《上市公司环境信息披露指南》出台后，披露的内容、披露方式均有了明显的改善。[47]郑若娟采用环境保护部颁布的《上市公司环境信息披露指南》中规定的环境信息披露指标，运用内容分析法研究我国重污染行业企业的环境事件信息披露水平是否符合披露政策的要求，查找企业披露的环境信息数量和质量在本指南发布前后的变化，探究环境政策制度的出台是否有效。总体而言，我国重污染行业企业环境事件信息披露水平未达到环境保护部的要求。本指南的发布对提高企业环境信息披露水平有一定的作用，但改善并不明显。[48]胡立新、刘海萍通过对上交所发布《上海证券交易所上市公司环境信息披露指引》后的企业环境事件信息披露状况进行实证检验，发现上海证券交易所对环境事件信息披露监管具有一定的影响，建议要明确环境信息披露各方的责任，共同实施对公司环境信息披露的监督管理。[49]

2.5 本章小结

国外对企业环境事件的研究比较早，所依据的研究理论和所采用的研究方法也比国内成熟。从文献中可以看出，虽然我国对企业环境事件进行了大量研究，但大多数都集中在环境事件的内外部影响因素方面，关于资本市场和环保法律法规对企业环境事件发生的具体推动作用的研究相对较少。当前社会大众的环保意识不断提高，人们会同时注重企业的经济效益和环境效益。特别是当今资本市场快速发展，诸多因素影响着企业的市值，复杂的市场环境使得越来越多的政府机构、投资者和消费者在做出政策决策、投资决策和消费决策时会衡量公司的可持续性和未来的发展前景，环境绩效已成为衡量企业健康发展的重要指标。现有研究还表明，环境绩效将会对公司的市场价格产生一定的影响，但究竟会产生怎样的具体影响，投资者对企业的环境行为会产生什么样的反应，相关环境法律法规的出台在企业良性环境行为中扮演着什么样的角色，针对这样一些问题，本篇在已有研究基础上，结合当前京津冀企业的环境行为和我国的环境监管政策，采用事件研究法进行研究，探究企业环境行为背后的制度动因和市场动因，从而有针对性地提出促进企业良性环境行为的政策建议，同时也有利于使我国政府环境监管更加有效。

企业环境事件研究相关理论基础

环境问题日益突出以后，社会大众越来越关注披露的企业环境事件信息，学者们也同样对企业环境行为做了大量学术研究。在会计学术领域的研究当中，存在着许多能够合理解释企业环境事件与公司财务绩效之间关系的理论，包括利益相关者理论、信息不对称理论、决策有用观理论和有效市场理论，这些理论都清楚地阐明了企业环境事件信息对公司自身以及社会公众的价值和重要性。

3.1 利益相关者理论

1984 年 Freeman 的《战略管理》一书中首次提到利益相关者理论，认为任何一家企业想要长远生存与发展下去，都离不开各利益相关者的投资和参与。公司的最终追求是全体利益相关者的整体利益，而不是某一主体的个人利益。利益相关者不仅包括公司的股东、债权人、债务人、消费者、供应商及员工等企业运营必不可少的伙伴，还包括各种外部压力结构，如政府部门、媒体和公众等，甚至包括自然环境、人类后代等将直接或间接受商业活动影响的客体。其中一些利益相关者为公司的生存和发展壮大提供必要的资源，一些利益相关者分担企业的业务风险，一些利益相关者为企业的经营活动付出代价，一些利益相关者对企业进行制约和监督。企业要想存续下去并实现财富最大化，就必须平衡好利益相关方之间的关系。企业与利益相关者之间的沟通与了解依靠的是企业自觉对外披露信息，包括被揭发的信息，通过解读信息，利益相关者会在获取了对自己有用的信息后，做出投资决策，从而保证企业发展所需的资源；如果利益相关者不满意所看到的信息或者没有获得相关信息，则会停止投资行为，例如，消费者停止购买产品、员工跳槽以及政府进行罚款等。一旦公司失去了利益相关者的支持，自身将会处于破产或资产重组的境地。Wilmshurst 和 Frost 的研究表明，企业管理层根据利益相关者的需求进行信息披露，利益相关者关注什么方面的信息就披露什么，不关注的会有所保留。[50]

随着对环境问题的重视，人们认识到企业对生态环境的影响是巨大的，已有研究表明，中国 80% 的环境污染源于企业的生产经营。[51] 利益相关者开始关注企业的环境行为，对企业履行社会责任提出了更高的要求。企业注重环境管理，拥有良好的环境管理体系和环境评估绩效体系，将更有可能吸引投资者投资，社会公众将更愿意进行消费，政府部门也会给予更多的政策优惠。利益相关者对企业环境责任的需求推动着企业的正面环境行为，同时也使得企业相对于竞争对手在市场上更具有优势。Johns 通过建立模型提出企业在经营管理过程中，关注利益相关者的需求能够最大化企业的利润。[52] 为了赢得利益相关者的支持和信任，企业更加致力于履行社会责任，重视环境价值观的培养。

3.2 信息不对称理论

信息不对称是市场不完全的一个重要原因，早在二十世纪七十年代，美国三位经济学家 Joseph Stiglitz，George Akerlof 和 Michael Spencer 就对其进行了相关研究。信息不对称分为逆向选择和道德风险两种类型。逆向选择意味着相对于外部投资者，一个或多个交易参与者或潜在交易参与者（如公司管理者和其他内部人员）比其他参与者具有信息优势，这些参与者拥有更多关于公司现状和未来前景的信息，可以通过各种渠道获取信息优势利益，牺牲外部投资者的利益。道德风险意味着一个或多个交易参与者或潜在交易者可以在整个交易过程中看到自己的行为，而其他参与者却不可以。所有权与经营权的分离导致了道德风险，股东和债权人无法实时考察高级管理层是否尽职尽责经营公司，因此，管理者可能在工作中偷懒或者将企业经营业绩太差归咎于一些客观因素。

逆向选择和道德风险的存在形成了所谓的"柠檬效应"，这意味着次优选择往往是由信息不对称引起的。信息不对称理论揭示了市场体制的缺陷，仅仅依靠市场的自由机制并不能保证市场经济的最优运作。尤其是在环境保护方面，在信息不对称的情况下，逆向选择会导致"劣币驱逐良币"的现象。由于企业经营者比投资者们掌握着更多的关于企业财务绩效和环境绩效的信息，并倾向于披露对自己明显有利的信息，所以在投资者对企业真实信息不了解时，只能选择看起来对自己有利的企业进行投资，这就促使部分企业将资金投入到财务绩效的增长中而不是环境保护上，赚取短期高额利润，而那些注重环境绩效的企业则会因环保投入和回报不成正比而减少环保投入；道德风险使得企业环境绩效难以度量，利益相关者无法对企业的环境绩效进行评价，长期下去，企业环境绩效会越来越差，无法鼓励和激励企业采取良好的环境行为。市场本身无法解决和消除"柠檬效应"，这就需要政府参与进来，发挥"有形的手"的作用。政府监管部门要制定和完善相关的法律法规制度，规范企业环境事件信息披露制度，引导企业重视环境保护工作；完善企业环境绩效考核制度，加大环境污染处罚力度，严厉打击破坏环境的行为。

3.3 决策有用理论

决策有用理论也称决策有用观，指的是财务人员为公司利益相关者提供及时、准确、完整、可理解的财务信息，使他们在做决策时能够进行参考，做出正确的选择。1953 年 G. Staubus 首先提出财务会计的目标是决策有用性，这与受托责任的概念形成鲜明对比。受托责任观重在向管理者呈报企业在资源使用过程当中的成功与失败，是过去导向的；决策有用观则针对所有信息使用者，能帮助投资者预测企业未来的经营情况。决策有用观要求企业进行信息披露时，不仅要披露货币化的财务信息等确定信息，还要披露与企业相关的非货币化的非财务信息、或有信息等；同时要求政府监管部门认真做好审计工作，不定期对企业进行抽查，制定相关规章制度，规范企业环境事件信息披露程序，提高企业质量。

在重视生态文明建设的今天，公众的环境保护意识不断增强，环境保护理念深入人心，政府不断完善环境保护法律法规制度，利益相关者也将企业对社会环境保护的投入度作为其投资决策的影响因素，投资者在决策时会综合考虑企业的经济效益和环境效益。如果企业在生产经营过程中出现环境污染问题，如污染水源、排放废气等，一旦损害到生态环境，被环保监察机构查处，就会影响到企业的经济利益，进而危害到利益相关者的自身利益。因此，各利益相关者为了自己的长远利益，会给企业施加压力，要求其出具环境信息报告，促使企业注意自己的环境行为，注重环境管理。从企业的角度考虑，如果企业能够把环境管理作为企业经营管理的一部分，投入精力去关注企业生产经营过程中的环境问题，并尽量避负面环境事件的发生，则可以有效规避环境成本风险，预防环境事件对公司造成的不利影响，维护公司声誉，树立良好的公司形象。

3.4 有效市场理论

Eugene Fama 在 1970 年引入了有效市场假说（简称 EMH）。有效市场假说的前提是市场参与者（即投资者）必须能够及时合理地回应所有市场信息，这一假说在学术界深受质疑。根据这一理论，在一个法律健全、功能完善、透明度高、竞争激烈的股票市场上，股票价格走势能够及时、准确、充分地反映所有有价值的信息，包含公司当前和将来的价值。除非操纵市场，否则正常情况下，不存在投资者通过分析公司过去股价获得高于市场平均水平的超额利润的情形。

根据证券价格对信息反映程度的不同，Robert 和 Fama 将有效市场假说分为三类：弱式有效市场。此类市场意味着市场价格能够充分反映过去的价格和交易量信息，投资者难以指望仅仅分析以往交易量和价格信息就获得利益；半强式有效市场。该市场意味着金融产品的市场价格准确反映了被投资公司的全部公开信息，只有内幕信息拥有者才能获取异常收益；强式有效市场。此类市场意味着市场价格反映所有公开和非公开信息，即使是获知私有信息的投资者也不能常常利用它来保证得到异常收益。强式有效市场下，均衡价格代表了金融产品的真正价值。由于存在信息不对称的情况，现实中并不存在完全有效市场，大多数国家都是弱式有效或半强式有效市场。吴元友通过检验发现，自 1996 年以来，中国的证券市场已经由无效市场转向弱式有效市场。[53]林春艳和孙淑杰对沪深股市进行了有效性检验，结果显示中国股市已经处于弱式有效市场。[54]

有效证券市场是指在市场上交易的证券的价格完整反映了所有公开证券的相关信息。因此，为了使市场有效运作，必须保证市场的透明度，确保证券市场上所有相关信息的真实、及时、完整和准确，政府监管部门必须严格规范公司环境事件信息披露程序，确保进入市场的信息质量，从而使证券市场股价成为引导社会资源合理流动和配置的依据。当前国内环境污染事件频频发生，只有及时全面地进行环境事件信息披露，才能促使企业关注自身环境行为，从而推动绿色产业的发展。

第4章

环境事件市场反应的实证分析

本章在前文的基础上，采用事件研究法对上市公司环境事件的市场反应展开实证分析。以前学者的研究主要针对整个上市公司或某个重大环境事件，本篇创新性地以京津冀重污染行业上市公司为数据来源，确定研究的环境事件样本，并参照相关文献和理论确定事件研究窗口。之后从环境事件的市场反应、环保法规的市场反应、正面和负面环境事件市场反应的比较三方面提出假设，引入累计异常收益率和平均异常收益率进行具体分析，同时对相关结果进行显著性检验。

4.1 确定研究的事件及事件窗口

事件研究法（Event Study）是一种统计方法，用来研究股票价格在事件发生时是否会发生波动，以及是否会产生"异常收益"（Abnormal Returns），借助这些信息，就可以了解股票价格的波动是否与该事件相关。事件研究方法在金融领域（如 Brown 和 Warner，1985）得到发展，并在管理研究中得到广泛应用。二十世纪三十年代，James Dolley 在《普通分拆的特征和程序》一文中首次提出这种方法。1968 年，Ball and Brown 率先对会计资本市场进行实证研究，该研究一直持续到今天，并且首次在令人信服的科学基础上提出，公司证券的市场价格将对财务报表上的信息做出反应，这种研究被称为事件研究。之后经过众多学者的研究和完善，现已成为国际学术界研究环境事件市场反应的主流方法。

事件研究法也称为累计超额收益率（CAR）分析法，其原理是：当股票价格与某事件有必然的相关性时，该事件会导致异常收益，并最终通过对异常收益的统计分析进行研究。事件研究法的理论框架比较严谨，不仅可以直接衡量投资者会带来的增加值，而且具有前瞻性，因为股票价格被视为投资者对未来期望现金流的折现。

事件研究的关键假设是指有效市场假说，即市场能够预测并正确解释相关信息并快速调整证券价格。众所周知虽然股票市场并非能够呈现完美信息，但通过不断评估和重视新信息，其被认为具有高度准确性。[55] 因此，在发生重大事件的情况下，通过从样本数据的股票实际收益中剔除某个事件未发生而估计出的正常收益，可以得到异常收益，而特定企业产生的异常收益（ARs）或累计超额收益（CARs）（即显著的正收益或负收益）可以推断该事件显著影响企业价值。

本篇将 2014 年至 2018 年 5 年期间某一时点企业发生的对环境保护和污染防治产生积极影响的企业环境行为定义为正面环境事件，包括：获得ISO14001 环境管理体系等环境保护认证；获得环境友好称号等荣誉；投资环保领域或增加环保设施；通过与环保相关的考核等。相反，对环境产生消极影响的企业环境行为被定义为负面环境事件，包括：环境污染事件；环保核查未通过或被通报；违规实施环保项目；与环保相关的诉讼等。

通常，事件首次出现的报告日期是事件日期，事件发生的日期（时刻）自然包含在事件窗口中。事件窗口表示时间长度或时间跨度，表示某重要事件影响研究对象的时间长度，通常包括事件发生的日期和事件发生之前及之后的日期。关于这段日期的长度，研究学者尚未提出统一的标准。

估计期是指事件尚未发生的期间。利用这段时间的正常数据，我们可以估计出在没有发生重大事件的情况下被研究对象的状态。关于估算期的长度和统一标准，参考现有文献，如果估算模型是按日收益率建立的，则通常将估算期间设置为 100 日到 200 日。

基于现有学者的研究成果，本篇研究京津冀地区重污染行业沪深 A 股上市公司环境事件的市场反应，以环境事件被公众所知的日期（相关环境保护网站发布公告的日期、证券交易所或公司网站公布企业环境事件的日期）作为事件日，即 $t = 0$，然后将事件窗口定义为（−20，20），即事件发生前 20 个交易日至事件发生后 20 个交易日；估计期定义为（−140，−21），即事件发生日期前 140 个交易日至事件发生日期前 21 个交易日。

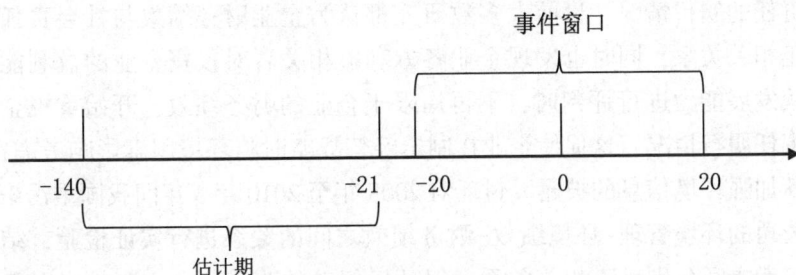

图 4-1　事件窗口示意图

4.2 样本的选择及数据来源

本篇参考 2012 年修订的上市公司行业分类指南，确认了冶金、采矿、酿造、纺织、建材、造纸、化工、医药、火电 9 类重污染行业。剔除经营状况不稳定的 ST、PT 公司后，经过进一步筛选，在上证 A 股和深证 A 股上市的京津冀公司（注册地为北京、天津、河北）大约涉及 97 家。本篇研究以此为依据选取样本，通过公众环境研究中心、企业可持续发展报告、社会责任报告以及上市公司官方网站公布的环境信息，收集了 2014 年至 2018 年 5 年的正面环境事件和负面环境事件及相应的报告日期，并排除事件窗口和估计窗口没有股票价格的环境事件；筛选剔除在此期间披露了其他重大事件导致企业股价发生重大波动的样本公司，最终得到 37 件有效正面环境事件样本和 38 件有效负面环境事件样本。环境事件具体内容见附录 A.1 和 A.2。

通过新浪财经官网获取实证研究所需的股票价格和综合指数。收集股票价格和综合指数后，用 Excel 进行相关的数据计算工作；使用 SPSS17.0 进行显著性检验。

4.3 研究假设的提出

4.3.1 环境事件的市场反应

随着雾霾、空气污染和水污染等环境问题频繁发生，不以环境为代价的发展理念逐渐成为企业长远发展的核心原则，利益相关者也越来越关注企业社会责任的履行情况。目前大多数研究都认为企业财务绩效与社会责任之间呈现正相关关系，同时也发现企业各方利益相关者对投资企业的盈利能力和可持续发展能力进行评判时，不再局限于企业的财务绩效，开始重视企业的社会责任履行情况，这促使企业在制定经营战略时将环境因素影响考虑在内，并不断加强环境信息的披露。付瑶对 2008 年至 2010 年 3 年间我国重污染行业上市公司的环境管理–环境绩效–财务绩效之间的关系进行实证检验，结果发现，三者之间分别呈正相关关系，但环境绩效的改善不会立刻带来财务绩效的增长，存在时间上的滞后。[56]

战略理论认为，企业在制定战略时必须考虑环境法规、环境管理、环境保护技术、环保产品和环保流程等环境保护因素。可见，企业的战略决定着企业的环保理念，反过来，环境管理则有助于企业的经营发展。另一方面，以预防污染和无害环境产品开发为重点的积极环境战略可能需要开发企业组织资源的能力，并刺激企业进行组织学习。[57]因此，改善环境绩效可能有助于吸引和留住高质量的劳动力，可以促进创新，并可能增加组织的决策过程和其他方面。[58]而环境事件是企业环境行为的结果表现，可以反映出企业过去和未来的潜在环境行为。无论是正面环境事件还是负面环境事件，都是企业将环境管理纳入战略决策的结果，可以在一定程度上反映企业未来长期的环境绩效。根据市场有效理论，当资本市场认识到环境管理的重要性时，公司在披露环境信息时应做出相应反应。为此，提出假设 H1。

假设 H1：企业发生环境事件时，资本市场能够对其做出反应。

企业正面环境事件从收入和成本两个方面影响企业的财务业绩。[59]在收入方面，环保投入力度大、实施绿色管理、注重绿色发展的企业，如致力于新能源开发、污染物处理的公司更受消费者的喜爱，也更能得到消费者的认可，能够迅速占领市场并扩大市场份额，从而不断创造财务绩效；在成本方面，环保工作投入大的企业可以减少因发生环境污染、项目违规等负面环境事件而产生的环保处罚、环保改制等环保成本的可能性，同时还可以减少原材料浪费，间接节约企业费用。企业发生负面环境事件是非常典型的"对社会不负责任"行为，当出现污染环境，项目因环境问题被取缔等负面环境事件时，公司势必会因环境管理欠缺而承担高额成本，企业会面临被罚款、赔偿受害人及名誉受损等惩罚，这将给企业带来重大损失，影响企业的财务绩效，进而导致未来现金流的短缺，如果不改变环保观念，长久下去势必会影响到自身的行业声誉和可持续发展。一项关于印度公司股价是否受到公司环境表现影响的研究发现，公司股票的异常收益与其环境绩效之间存在正相关关系，环境表现不佳的公司会导致负的异常回报，相反，环境表现良好的公司产生了正的异常回报。[60]阿根廷、智利、墨西哥和菲律宾的资本市场确实对公告的环境事件做出反应，环保表现优异等正面环境事件发生后，企业股价发生上升；公民投诉等负面环境事件发生后，企业股价发生下降。[61]可见，不同环境事件的发生会导致资本市场不同的反应。基于此，将假设 H1 细分为 H1a 和 H1b。

假设 H1a：企业发生正面环境事件后，资本市场将出现正反应。

假设 H1b：企业发生负面环境事件后，资本市场将出现负反应。

4.3.2 环保法规的市场反应

目前，我国的环境污染监管体制和环境保护政策制度以及法律法规，从宽泛到具体，越来越完善。2014 年 4 月 24 日第十二届全国人大常委会第八次会议通过了《中华人民共和国环境保护法》（以下简称"新环保法"），自 2015 年 1 月 1 日起施行。新环境保护法引入了"按日计罚、转移拘留、公益诉讼"等具体规定，在实践中发挥了重要作用，被称为历史上最严的环保法，其执法力度、遵守程度、发挥的影响力都是环境保护史上最好的。随后，《中华人民共和国大气污染防治法》在 2015 年 8 月 29 日第十届全国人大常委会第十六次会议上进行了第二次修订；《中华人民共和国固体废物污染环境防治法》于 2015 年 4 月 24 日进行了第二次修订，于 2016 年 11 月 7 日进行了第三次修订；《中华人民共和国水污染防治法》于 2017 年 6 月 27 日进行了第二次修订；《中华人民共和国环境噪声污染防治法》于 2018 年 12 月 29 日进行了第二次修订。各项环境法律法规更加完善和严格，在不断致力于建设青山常在、蓝天常在、绿水常在的美丽中国的行动中发挥了重要作用。与此同时，2015 年 4 月 2 日，国务院下发了《水污染防治行动计划》，提高水环境质量，大力推荐生态文明建设；2016 年 5 月 28 日，国务院印发了《土壤污染防治行动计划》，切实加强土壤污染防治工作，逐步提高土壤环境质量。随着京津冀协同发展战略的提出，京津冀区域生态环境持续恶化的问题引起极大重视，2015 年 12 月 11 日，环境保护部、发改委、国家能源局发布《全面实施燃煤电厂超低排放和节能改造工作方案》的通知，2014年6月7日，国务院办公厅发布《能源发展战略行动计划（2014-2020年）》的通知，并于2014年7月25日颁布了《京津冀及周边地区重点行业大气污染限期治理方案》，将京津冀地区环保问题上升到国家政策的高度，积极引导企业采取良好的环境行为。学者通过研究发现，法律法规特有的约束力有助于企业主动改善社会环境，提高企业环境信息透明度。[62]环保法律法规颁布实施以后，企业会迫于威慑力而改善企业环境行为。[63]可见，监管机构出台相应的法律法规以后，投资者会对其影响进行评价，并反映在股票价格上。[64]由此，本篇提出假设H2。

假设H2：环保法律法规的出台有助于资本市场对环境事件做出反应。

根据利益相关者理论，企业履行企业社会责任可能被视为有助于获得必要的资源或利益相关者支持，并降低政府负面监管和立法的可能性。[65]Porter和Van der Linde也指出，污染可以被看作是资源的浪费，减少企业环境污染可以降低政治成本，增强企业的竞争力，从而形成"双赢"的局面。[66]良好的环境绩效是企业合法的"运营许可"，[67]奉行高环保标准、高环保要求的企业，能够更加自如地应对环保法规的严格修订和持续改进；而企业较差的环境管理水平无法应对日渐严格的各种环保法规，环境事故发生后会面临罚款、整改等处罚，从而导致环保成本的增加，影响企业财务绩效。有关部门出台相应的环境保护政策后，企业将加大对环境事件的披露力度，从而有助于投资者做出正确的决策。紫金矿业环境污染事件发生后，在消息被公众所知的短期内，交易者和投资者纷纷卖出手中的股票，采掘业整个市场的股价呈现明显的下跌趋势。[68]通过对山东石化输油管道爆炸污染事件进行研究，唐红玉发现市场对中国石化输油管道爆炸事件反应显著为负。[69]可见，企业负面环境事件信息被公告后，投资者会重新考虑自己的投资。政府相关部门和监管机构不断通过环保政策规范上市公司的环境行为，引导上市公司积极履行保护环境的社会责任，严格规范重污染行业上市公司环境事件信息的披露流程，可以降低环境负面事件带来的投资风险。[70]基于此，将假设H2细分为H2a和H2b。

假设H2a：环保法规有助于资本市场进一步反应出正面环境事件的影响。

假设H2b：环保法规有助于资本市场进一步反出负面环境事件的影响。

4.3.3 正面与负面环境事件市场反应比较

企业发生正面环境事件，如受到环境保护奖励、通过环境保护认证等，可以给社会大众呈现一个良好的企业形象，从而吸引更多消费者和投资者，但相对于负面环境事件，所产生的市场反应比较小，[71]因此，似乎有一些证据表明，在发生与企业环境绩效相关的负面环境事件的情况时，市场对企业的惩罚程度大于发生与企业环境绩效相关的正面环境事件时市场对企业的奖励程度。换句话说，股市对与企业环境绩效相关的事件的反应似乎是不对称的。

对这种现象可以提供不同的非专有解释。心理学研究，特别是对印象形成过程的研究（例如 Anderson，1981）一致表明，与特定事件或情境相关的个体印象和判断受到更多负面信息的影响，而非正面信息。[72][73]也就是说，人类对负面事件的评价比正面事件更严重，这种模式被称为负性偏见或正负不对称效应，已在多个研究领域得到认可和重复确认。[74]Sen 和 Bhattacharya 的一项研究表明，正负不对称效应也可能与企业社会责任领域相关。特别是，他们发现消费者评估企业时，对负面环境信息比正面环境信息更敏感。[75]同样，Lankoski 利用调查的数据进行研究，结果显示减少负面的外部性企业责任问题比增加积极的外部性企业责任问题带来更大的经济影响。[76]

Klassen 和 McLaughlin 提出另外一种解释，他们指出，环境危机等负面事件比正面的环境事件更明显地带来财务影响。[77]因此，与环境奖励等积极事件相比，此类事件除了表现出不良的环境绩效信号外，还会带来明显的财务影响。Jan Endrikat 综合以前关于影响环境绩效的环境事件的相关股市反应的实证结果，发现股市对正面环境事件有着积极的市场反应，对负面环境事件有着消极的市场反应，且市场对负面环境事件的反应强于正面环境事件（即股市反应的不对称）。[78]孙俊奇、蔡雪雄通过对沪市上市公司进行实证研究后发现，发生负面环境事件的公司股价波动比发生正面环境事件的公司股价波动更明显。[35]由此，提出假设 H3。

假设 H3：资本市场对负面环境事件的反应比对正面环境事件的反应更显著。

4.4 数据计算

本篇引入累计异常收益率（CAR）和平均异常收益率（AAR）对环境事件发生后资本市场的反应进行衡量，并采用市场模型计算预期收益率，同时对 CAR 和 AAR 进行显著性检验，以保证实证结果的有效性。

正常收益的期望值，即预期收益率，指的是当企业环境事件没有发生时，预测公司股价在一段时间内的回报率。预期收益率的估计通常使用两种模型，一种是定长均值收益模型，另一种是市场模型。

（1）定长均值收益模型：前提条件为假设股票的平均回报在整个研究期间是恒定的。设 μ 为某只股票的均值收益，则有

$$R_{it} = \mu_i + \varepsilon_{it} \tag{4-1}$$

$E(\varepsilon_{it}) = 0$，$Var(\xi_{it}) = \sigma^2_{\zeta it}$，$R_{it}$ 是 t 期间第 i 支股票的收益，ξ_{it} 是 t 期间的干扰项，其期望值为 0，方差为 $\sigma^2_{\zeta it}$。

（2）市场模型：前提条件为假设个股收益率与市场收益率之间呈现稳定的线性关系。

$$R_{it} = \alpha_i + \beta_i R_{mt} + \varepsilon_{it} \tag{4-2}$$

$E(\varepsilon_{it}) = 0$，$Var(\xi_{it}) = \sigma^2_{\zeta it}$ 公式中，R_{it} 是 t 期间第 i 支股票的收益，R_{mt} 是 t 期间市场收益，ε_{it} 是股票 i 在事件估计 t 日的残差项。

上述两种方法各有优缺点，定长均值收益模型可能是最简单的预期收益模型，但它的估计结果通常与复杂模型类似；市场模型是事件研究中普遍采用的模型，假定资本市场中股票价格变动情况与正态分布一致，并具有叠加属性，且计算简便，易于在短期内掌握。基于实用性考虑，本篇选择市场模型对样本公司在事件窗口内的预期收益率进行估计。

4.4.1 预期收益率和正常收益率

（1）以股票 i（-140，-21）天的实际交易数据计算股票 i 的 α 和 β 系数。计算（-140，-21）天内市场指数的实际收益率 R_{mt} 和各样本股票的实际收益率 R_{it}，通过回归分析法对市场模型 $R_{it} = \alpha_i + \beta_i R_{mt}$ 进行估计，以得到个股此区间 α_i 和 β_i 的估计值 $\hat{\alpha}_i$ 和 $\hat{\beta}_i$，并将其视为个股（-20，20）天内 α_i、β_i 正常

取值。

其中，个股实际收益率 R_{it} 的计算方法为：$R_{it} = P_{it} / P_{it-1}$，公式中，$t$ 代表时间，P_{it} 和 P_{it-1} 分别代表股票 i 在 t 日和 $t-1$ 日的收盘价，$i = 1$，2，$\cdots$，n。市场指数回报率 R_{mt} 的计算方法为：$R_{mt} = MP_t / MP_{t-1} - 1$，公式中，$t$ 代表时间，MP_t 和 MP_{t-1} 分别代表 t 日和 $t-1$ 日市场指数的收盘指数。同样，对于深证上市公司，市场指数采用同一时期的"深证成分指数（399001）"，对于沪市上市公司，市场指数采用同一时期的"上证综合指数（000001）"。

（2）估计（-20，20）天的正常收益率 $\widehat{R_{it}}$。使用模型 $R_{it} = \alpha_i + \beta_i R_{mt}$ 计算样本股票 i（-20，20）天的正常日收益率。其中，α_i、β_i 为（1）中计算得出的 $\widehat{\alpha}$ 和 $\widehat{\beta}$，R_{mt} 取（-20，20）天内深证成分指数或上证综合指数的实际收益率。

4.4.2 异常收益率和累计异常收益率

（1）异常收益率，也称为超额收益率。股票 i 在（-20，20）天内的超额收益率为：

$$AR_{it} = R_{it} - \widehat{R_{it}} \tag{4-3}$$

公式中的 i 表示事件，t 表示时间。

（2）（-20，20）天内样本股票的日平均超额收益率，即所有日超额收益率的算术平均值。第 t 日的平均超额收益率 AAR 为：

$$AAR_{it} = \sum_{i=1}^{n} \frac{AR_{it}}{n} \tag{4-4}$$

公式中，n 为某类事件所包含的事件总数。

（3）计算（-20，20）天内所有样本股票的日累计超额收益率 CAR，累计超额收益率 CAR 为：

$$CAR_{it} = \sum_{t=20}^{t=-20} AAR_{it} \tag{4-5}$$

公式中，CAR_{it} 表示市场股价在 t 时段内对某事件做出的总体反应。

4.4.3 平均超额收益率和累计超额收益率的显著性检验

为了检验上述计算结果是否是由股票价格随机波动引起的，本篇还将对

AAR 和 CAR 进行统计显著性检验。如果检验结果显著，则表明事件期间的股票价格变化不是由随机因素引起的，环境事件的发生对股票价格有重大影响。根据市场模型，假设事件引起的股票价格变动的平均值服从均值为 0 的正态分布，即：

检验假设：$H_0 : AAR = 0$，$CAR = 0$

其检验统计量为：$t_{AAR} = \dfrac{AAR_t}{\dfrac{S^2(AAR_t)}{\sqrt{n}}}$，$t_{CAR} = \dfrac{CAR_t}{\dfrac{S^2(CAR_t)}{\sqrt{n}}}$

其中：$S^2(AAR_t) = \dfrac{1}{n-1} \sum\limits_{t-1}^{n} (AAR_{it} - AAR_t)^2$

$$S^2(CAR_t) = \dfrac{1}{n-1} \sum\limits_{t-1}^{n} (CAR_{it} - CAR_t)^2$$

$t = -20$，19，18，$\cdots 0 \cdots$，18，19，20

根据上述假设，如果事件对股票价格没有影响，则统计量 t_{AAR}、t_{CAR} 服从 t 分布（自由度为 $n-1$）。在给定的显著性水平下，可以获得检验结果。

4.5 实证检验结果及分析

本篇按照前述步骤对收集到的正面环境事件和负面环境事件进行计算，得到样本公司的异常收益率，之后连续计算获得样本公司的总体累计异常收益率（CAR）和平均异常收益率（AAR），分别以折线图表示，显示企业环境事件在事件日前后某个 t 时段内及某个时刻 t 的股票反应，并在折线图之后使用 SPSS 软件对样本公司的 CAR 和 AAR 进行了单样本 T 检验，以此验证假设 H1；本篇在累计异常收益率 CAR_t 的基础上提出累积平均异常收益定额 CAX_t，随后采用考察各年度环境事件的市场反应变化的方法去验证假设 H2；本篇将环境事件报告日前后 20 天的 CAR 进行配对样本 T 检验，以验证假设 H3。

4.5.1 正面环境事件的市场反应

（1）事件窗口 t 时段内的市场反应。本篇采用累计异常收益率（CAR）衡量 t 时段内市场对样本公司正面环境事件的反应，并将计算出的 CAR 用折线图呈现，结果如图 4-1 所示，可以看出在公众获知企业正面环境事件之前，市场中的股价都在波动，特别是在（-10，-2）期间，可能由于其他影响因素的存在，累计异常收益率出现大幅度下降，但信息公告日前一天突然反弹，表明企业正面环境事件信息可能在正式公告日前已经被市场获悉，且投资者对此做出良好预期，资本市场表现出正面反应。但样本公司的 CAR 从事件日前到事件日后一直为正，这暗示着我国资本市场的环境信息披露制度并不完善，普遍存在着信息泄露和信息披露滞后的现象。

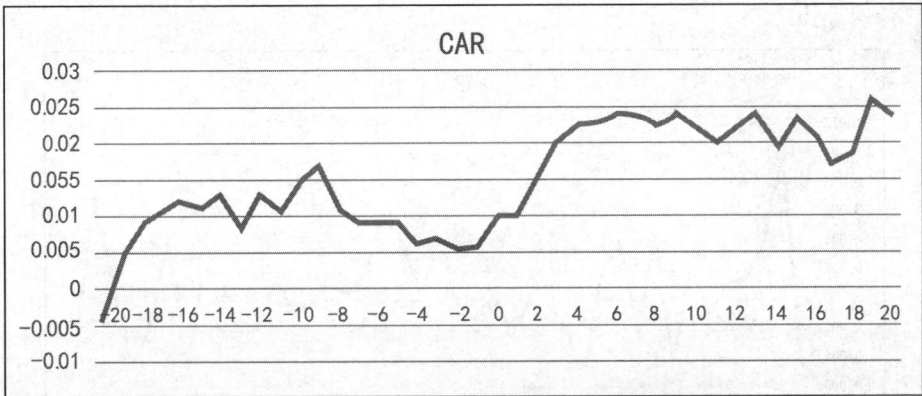

图 4-1　样本公司正面环境事件窗内的 CAR

对样本公司正面环境事件在事件窗内的 CAR 进行单样本 T 检验，即显著性检验，结果如表 4-1 所示：总的来看，正面环境事件被公众所知后，样本公司产生了正面的 CAR，并在 5% 水平上显著，因此该验证结果拒绝原假设，表明在上市公司报告正面环境事件之后，资本市场可以做出积极的市场反应。假设 H1a 通过检验。

表 4-1　正面环境事件 CAR 单个样本检验

	检验值 = 0			
	t	df	Sig.（双侧）	均值差值
正 CAR	13.480	40	.000	.0180629336829

注：在 5% 水平上显著

（2）事件窗内第 t 日的市场反应。本篇选择事件窗内第 t 日的平均异常收益率 AAR 对样本公司正面环境事件在事件窗内第 t 日的市场反应进行衡量。从图 4-2 的 AAR 折线图可以看出，在公众了解正面环境事件之前，公司股价波动比较大，公司股票的平均异常收益率在-15 日、-13 日、-11 日、（-9，-2）内为负，但在事件日前 2 天开始上升。公司向社会公告正面事件导致正的 AAR 持续到事件日后的第 8 天，从第 9 天开始，股价又出现大的波动。可见，上市公司发生正面环境事件时，资本市场会对其做出正面反应，但这种反应不会持续很长时间。

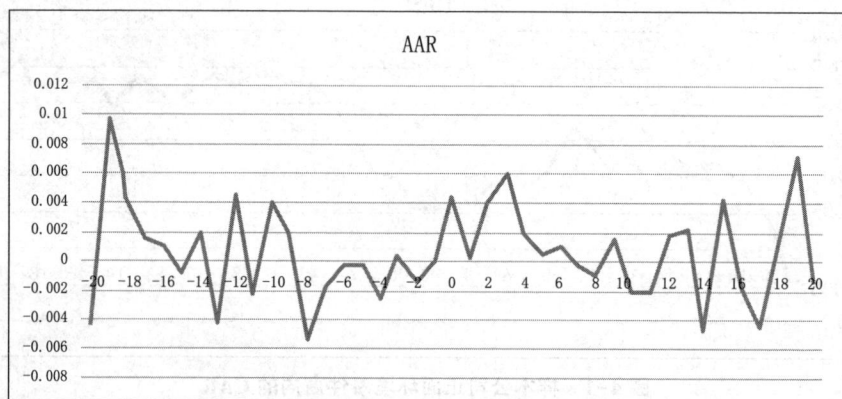

图 4-2　样本公司正面环境事件窗内的 AAR

验证事件窗内正面环境事件产生的平均异常收益率（AAR）的 T 值，结果如表 4-2 所示。总体而言，报告后 AAR 表现不显著，说明企业发生正面环境事件后，股价不会在某一时刻出现波动。

表 4-2　正面环境事件 AAR 单个样本检验

	检验值 = 0			
	t	df	Sig.（双侧）	均值差值
正 AAR	1.327	40	.192	.00070630475610

注：在 5%水平上显著

从 CAR、AAR 的折线图以及 CAR 的统计检验结果可以得出假设 H1a：企业发生正面环境事件后，市场将会出现正面反应。但 AAR 并没有 CAR 的 t 值显著，这主要是因为样本公司发生正面环境事件后，往往不会在某个时点立刻做出明显反应，而是通常会在一个时间段内产生显著反应。

4.5.2 负面环境事件的市场反应

（1）事件窗口 t 时段内的市场反应。本篇采用累计异常收益率（CAR）对事件窗口 t 时段内市场对负面环境事件的反应进行衡量，样本公司在事件窗（-20，20）内的累计异常收益率变化趋势如图 4-3 所示。结果显示，样本公司从负面环境事件发生的前 8 天开始，其 CAR 出现持续大幅度下降，并在事件发生后的第 11 天，出现了负的异常收益率，之后一直呈现负的异常回报率，这说明企业负面环境事件信息在正式向公众公告之前，也已经被资本市场获知，并且产生了不良预期，股票收益率呈负面反应。总的来说，我国资本市场对负面环境事件具有较强的敏感性，在负面环境事件发生后，市场将产生负面反应，这与假设 H1b 的结论一致。

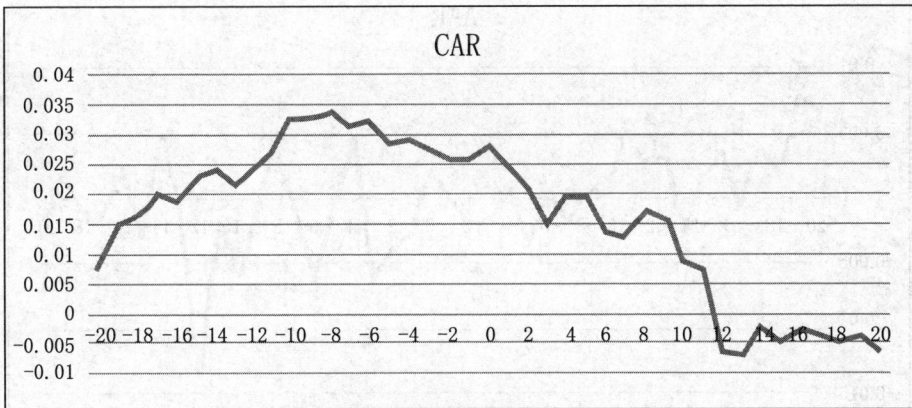

图 4-3 样本公司负面环境事件窗内的 CAR

表 4-3 显示了市场对样本公司负面环境事件的负面反应是否显著的检验结果：在 5% 水平上显著。总体上看，样本公司公布负面环境事件后，资本市场表现出负的 CAR，说明上市公司报告负面环境事件后，资本市场能够对其做出负面的市场反应，假设 H1b 得到验证。

表 4-3 负面环境事件 CAR 单个样本检验

	检验值 = 0			
	t	df	Sig.（双侧）	均值差值
负 CAR	7.895	40	.000	.0161152784415

注：在 5% 水平上显著

（2）事件窗内第 t 日的市场反应。本篇选择事件窗口某一时刻负面环境事件的平均异常收益率（AAR）进一步检验市场对企业负面环境事件的反应。AAR 折线趋势如图 4-4 所示，AAR 在负面环境事件日前小幅度正负波动，但整体呈现下降趋势；在事件日后第 8 天发生大幅下降，并在 12 日达到最低的 AAR，之后围绕 0 上下波动，表明样本公司的负面环境事件报告后，市场会发生负面反应，进一步验证了假设 H1b。

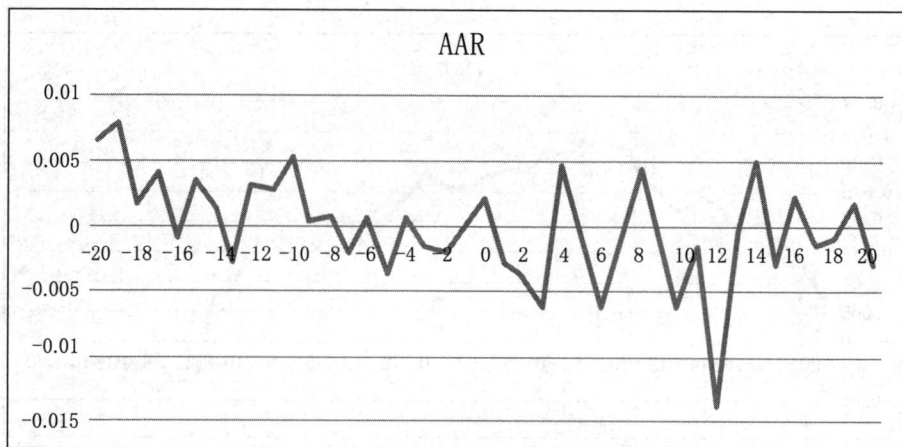

图 4-4 样本公司负面环境事件窗内的 AAR

表 4-4 显示企业负面环境事件发生后出现了负的 AAR，但表现并不显著，呈现出与 CAR 检验不一样的结果。可能是因为样本公司公告负面环境事件后，股票市场一般不会在某 t 时刻产生波动，而通常会在一个时间段内发生显著反应。

表 4-4 负面环境事件 AAR 单个样本检验

	检验值 = 0			
	t	df	Sig.（双侧）	均值差值
负 AAR	-.249	40	.805	-1.56198776341463E-4

注：在 5%水平上显著

综合上述检验结果，无论 CAR、AAR 折线图还是 T 检验值，都通过了显著性检验，假设 H1、假设 H1a 和假设 H1b 都得到了验证，即企业发生环境事件时，资本市场可以对其股价做出反应；企业发生正面环境事件后，将会出现正的市场反应；企业发生负面环境事件后，将会出现负的市场反应。但我国资本市场存在信息泄露的问题；除此以外，AAR 的 T 检验结果弱于 CAR 的显著性检验结果，事件窗口中的 AAR 并不显著；正负面环境事件发生后，资本市场的反应持续时间较长。

4.5.3 正面与负面环境事件市场反应的比较

通过上述研究可以得出，当上市公司发生正面环境事件时，资本市场会产生积极的正面反应；发生负面环境事件时，市场会产生消极的负面反应。二者进行比较，对市场影响更为显著的是正面环境事件还是负面环境事件呢？文章在总结参考之前学者的研究成果的基础上，提出了假设 H3：资本市场对负面环境事件的反应比对正面环境事件的反应更加显著。为验证假设 H3，本篇采用张钰婷[79]在环境信息披露市场反应研究中采用的方法，将正面环境事件在事件日（t=0）的前 20 天和后 20 天的 CAR 进行配对样本 T 检验，其中变量 CAR1 表示事件日前 20 天的正面环境事件总体 CAR，变量 CAR2 表示事件日后 20 天的正面环境事件总体 CAR。负面环境事件变量意义同理。检验结果如表 4-5、4-6 所示。

表 4-5 正面环境事件成对样本检验

	均值	标准差	t	Sig.（双侧）
对 1 CAR1-CAR2	-1.456753865000E-2	3.619344487587E-3	-18.000	.000

注：在5%水平上显著

表4-6　负面环境事件成对样本检验

		均值	标准差	t	Sig.（双侧）
对2	CAR1-CAR2	.018203969800	.017582672277	4.630	.000

注：在5%水平上显著

表4-5中的检验结果显示正面环境事件发生前后，样本公司累计CAR发生了变化，总体通过了检验，再次验证了假设H1a；表4-6中的检验结果表明负面环境事件在事件日前后的CAR变化，总体也通过了检验，这与假设H1b的结论一致。但总体上看，正面环境事件和负面环境事件的成对样本检验结果相同，都在5%水平上显著，表明负面环境事件的市场反应并没有比正面环境事件的市场反应更显著，假设H3没有得到验证。这从侧面反映出我国资本市场越来越完善，投资者在进行决策时，已经将企业的环保行为纳入考虑因素中，并同等重视企业披露的正面环境事件信息和负面环境事件信息，而不是只重点关注企业的不良环境行为。企业积极主动履行环境责任成为其长远发展的重要影响因素而不是附加优势。

4.5.4 环保法规的市场反应

借鉴之前学者的研究，通过考察2014~2018年连续5年环境事件的市场反应变化来验证假设H2。根据累计异常收益率CAR_t，提出累计平均异常收益定额CAX_t，并将事件日前20日的累计平均异常收益定额定义为0，事件日后20日的累积平均异常收益定额利用公式$CAX_t = CAX_{t-1}(CAR_{t-1} + 1) - 1$计算得出，从而使得样本数据的年初始数额保持一致，有利于进行后续比较。

为了验证假设H2a，采用折线图呈现2014年至2018年五年间正面环境事件的累计平均异常收益。从图4-5可以看出，2014~2015年间，资本市场在正面环境事件发生前就发生了显著的积极反应；2015年的反应更加明显、更为迅速、持续时间更长，事件日和事件日后趋于平稳波动，这种超前反应可能是因为相关环境事件信息的提前泄露和我国资本市场的不完善；2016年和2018年正面环境事件的发生对市场造成的影响明显，市场反应迅速，投资者积极关注上市公司环境事件公告，资本市场对正面环境事件有着敏感的反应；2017 年正面环境事件的公告与资本市场两者的相关性不符合常规假设，可能由于当时中国股票市场处于下行期间，正面环境事件对资本市场的影响被削弱。可以看出，2014～2018 年 5 年期间，每当企业公告正面环境事件后，资本市场都出现迅速而显著的反应，说明投资者和上市公司已经开始自发地关注环境保护信息和环境保护行为，环境事件的发生已经影响到企业的财务绩效，我国环境友好型经济发展取得初步成效；从 2014 年、2015 年市场的超前反应到 2016 年、2018 年市场的常规反应，说明我国资本市场环境披露制度在不断完善，市场能更好地发挥其在经济活动中的作用。假设 H2a 得到验证。

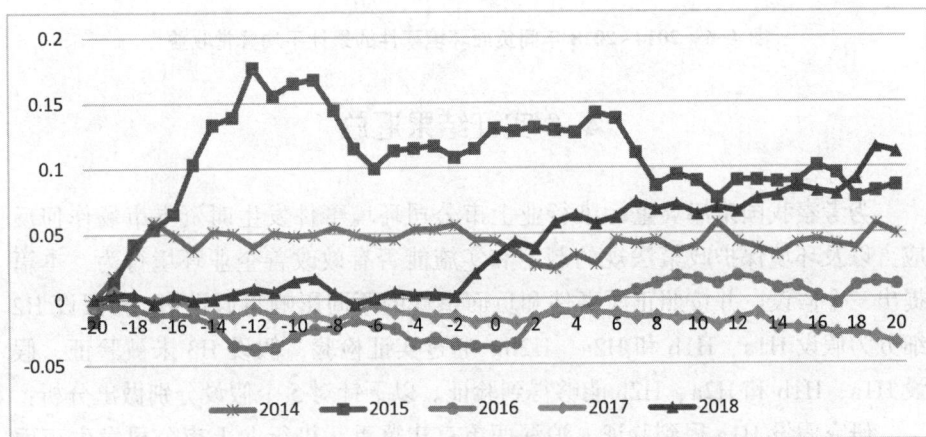

图 4-5 2014～2018 年间正面环境事件的累计平均异常收益

为了验证假设 H2b，同样将 2014 年至 2018 年五年内负面环境事件的累计平均异常收益用折线图表示（见图 4-6），从中可以看出，在 2014 年、2015 年和 2017 年三年中，负面环境事件发生后，市场能够产生迅敏的负面反应，此外，三年间市场的负面反应持续时间都很长，与本篇的预测吻合；2016 年和 2018 年资本市场的反应比较异常，事件发生日后一段时间，资本市场仅有小幅度下降，且在短时间内迅速上升，可能与其他利好因素有关，也可能是因为 2018 年环保力度的空前严格，企业发生负面环保事件后迅速进行整改，损失补救及时。总体而言，假设 H2b 基本得到验证。

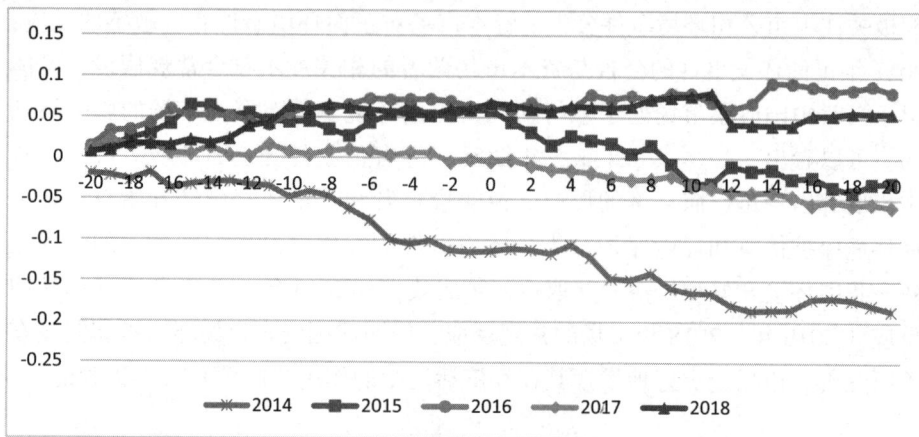

图4-6　2014~2018年间负面环境事件的累计平均异常收益

4.6 实证结果汇总

为考察我国京津冀重污染行业上市公司环境事件发生时资本市场作何反应，以及环境保护政策法规的制定和实施能否有效改善企业环境行为，本篇提出三个假设，并按照正面事件和负面事件的不同影响将假设 H1 和假设 H2 细分为假设 H1a、H1b 和 H2a、H2b。通过实证检验，假设 H3 未被验证，假设 H1a、H1b 和 H2a、H2b 能够得到验证。以下针对 5 个假设分别做出分析：

研究假设 H1a 得到验证。沪深两市京津冀重污染行业上市公司发生正面环境事件时，资本市场产生积极的正面反应。正面环境样本事件的 CAR 在事件窗（-20，20）内表现显著，但在事件日前一天发生显著上升，说明资本市场存在信息泄露或披露滞后的问题。AAR 表现并不显著，说明样本公司在公告正面环境事件后，不是在某个时点立即发生明显反应，而是会在一个时段内产生显著反应。

研究假设 H1b 得到验证。沪深两市京津冀重污染行业上市公司发生负面环境事件时，资本市场产生消极的负面反应。负面环境样本事件的 CAR 在事件窗（-20，20）内表现显著，并且也存在市场超前反应。而 AAR 表现不显著，原因同上述正面环境事件。

研究假设 H2a 得到验证。整体上，正面环境事件发生后，资本市场的反应越来越显著，也更加符合市场规律，说明我国环境保护体系建设越来越完善。2014 年和 2015 年市场在环境事件公告日前就发生了显著正面反应，但 2016 年和 2018 年环境事件的发生与资本市场两者的相关性非常符合资本市场的变化规律。可见随着我国环保工作从口号标语到真刀实枪的转变，投资者等利益相关者越来越重视企业公告的环境事件信息，财务绩效也不断受到环境事件的影响；同时随着环保披露制度的更加完善，市场可以有效地发挥其市场导向作用。

研究假设 H2b 得到验证。总的来说，负面环境事件发生后，资本市场能够迅速做出负面反应。但 2016 年和 2018 年的市场反应比较异常，随着全覆盖的环保督查政策的展开，企业负面环境行为在逐渐减少，而负面环境事件发生后，企业也迫于政策压力对其负面环境行为迅速做出整改，甚至是采取更好的环保行动，可见企业环境行为与经济利益密切相关，政府部门制定相关经济政策时，应将环境事件的影响充分考虑在内。

研究假设 H3 未得到验证。样本公司的负面环境事件并没有比正面环境事件引发出更显著的市场反应，说明人们对环境事件存在的负性偏见逐渐消除，利益相关者在评估企业环境行为时会全面看待企业发生的环境事件，无论正面环境事件还是负面环境事件，都会给企业带来明显的财务影响，决定着企业的未来发展。

研究结论与展望

5.1 研究结论

本篇在简要介绍我国上市公司，特别是京津冀重污染企业的环境污染行为和市场影响的基础上，回顾了环境事件和环境信息披露监管制度对股价影响的相关文献，并阐述了企业环境事件信息披露、资本市场反应和企业环境事件的相关理论。在此基础上，收集了京津冀重污染行业上市公司 2014 ～ 2018 年的环境事件，其中正面环境事件 37 起，负面环境事件 38 起。随后运用事件研究法实证研究资本市场对环境事件的反应，以及环境法律法规等制度出台后对发生环境事件的公司股票价格的影响。最后对实证检验结果进行分析，得出如下结论：

（1）企业发生环境事件后，资本市场能够对其做出反应，且企业发生正面环境事件后，将会出现正的市场反应；企业发生负面环境事件后，将会出现负的市场反应。环境事件与资本市场挂钩，可以使投资者和政府与环境保护紧密联系起来，从而进一步改善环境事件与市场的关系。但通过具体分析，我们可以发现在企业环境事件被公告之前，资本市场就已经提前产生了波动效应，可以看出，目前我国资本市场依然存在相关环境信息泄露或信息披露滞后（强制披露）的问题，环境事件信息披露制度不健全。

（2）环保法律法规的出台有助于资本市场对环境事件做出反应，且环保法规有助于资本市场进一步反应出正面和负面环境事件的影响。环境事件发生后，我国股票市场基本可以做出反应，且随着环保政策体制建设的不断健全和资本市场的不断完善，两者之间的关联性更加紧密，有助于改善上市公司的环境行为，促进企业加强环境管理。

（3）资本市场对负面环境事件的反应并不比对正面环境事件的反应更显著。由此可见整个社会环保观念的转变使得投资者更关注企业长远利益，在考虑投资损失的同时也关注企业的环保责任，推动企业进行环境治理，重视环境绩效。社会公众不仅只关注负面环境事件带来的环境成本，而且开始重视正面环境事件带来的预期环保收入增长和环境成本减少，公众的环保意识越来越强，环保理念深入人心。

5.2 政策建议

（1）我国环境事件信息披露的整体结构和内容没有西方发达国家全面和成熟，实用性不强。因此，第一，政府监管部门有必要进一步强化企业环境信息披露制度，通过行政手段，督促企业及时、真实、全面地披露环境事件信息，并通过法律法规对上市公司施加压力，规范企业的日常环境行为，促进透明、公平、公正的资本市场的建立。第二，政府监管部门必须不断完善上市公司环境事件信息披露体系；财政部门应制定更完善的环境会计制度和环境审计准则，不断具体和细化企业环境信息披露的内容和形式，同时要保持可操作性，确保注册会计师在环境审计中有据可依；证监会应完善企业年度报告披露准则，明确企业应及时披露环境事件信息，帮助企业提高环保意识，促使企业实施良性环境行为；环保部门应完善环保政策，针对不同行业制定相应的环境保护强制性条款，并成立独立的环境审计机构，全面审查企业环境行为，及时借助网络媒体进行公布。除此之外，还应完善环境保护奖惩制度，奖惩有度，通过行政手段将企业负面环境事件的影响纳入市场机制中，让企业承担自身造成的环境损失；同时奖励环境表现良好的企业，鼓励企业注重环境管理。第三，政府监管部门应对自身提出要求，建立环保绩效考核制度，将环保工作纳入政绩考核，并以结果为导向，做不好要进行责任追究；督促各级环保机构从严治理所管辖区内企业环境违法行为，夯实生态环保工作基础。同时，政府应加大资金投入，鼓励企业自愿披露环境事件，奖惩有度。

（2）上市公司作为造成环境污染的主体，应自愿承担环境管理责任。第一，企业应转变经营理念，摒弃一味追求经济增长、只注重眼前利益的旧观念，在经营过程中自觉履行环境责任；企业在制定可持续发展战略目标时应充分考虑环保成本，增加与环境保护相关的内容，并将环境保护对企业经济效益的影响作为一个重要的衡量指标，实现企业经济效益和社会效益的最优化；企业在评价管理层绩效时，应将环境保护指标纳入考核体系，将环境效益作为评估投资项目的重要因素，约束管理者不顾公司长期发展进行短期投机的行为，使管理者能够承担公司的环境责任，保护利益相关者的合法权益。第二，企业应加强环境会计核算，不断完善企业环境保护体系，将环境保护投入和环境保护产出纳入环境会计制度，全面反映企业的环境绩效。我国当前环境会计发展尚处于起步阶段，还没有相应的制度保障，因此企业可以在原有财务会计核算基础上增加环境会计核算内容，比如资产、负债、权益、收入和成本可以分别对应环境资产、环境负债、环境权益、环境收入和环境费用，将环境会计报告与财务报告一同对外公布，向利益相关者清晰展示企业的环境成本、环境收入和环境绩效。

（3）绿色产业链的构建需要多方力量共同努力。第一，可以建立环境保护部门、监管部门和审计部门的协同监管机制，实现环境信息数据共享，从而保证企业披露真实有效的环境信息；充分发挥政府和环境审计的监督作用，实现政府监管、企业披露和公司价值的有机互动。同时，充分利用报纸、杂志、互联网等媒体平台，及时揭露企业的环境问题和整改情况，自觉接受全社会的监督，协助企业实现绿色产业化改造。第二，应加强环境保护舆论宣传。一方面，要加强对企业的环境教育，强化其环境保护理念和环境保护意识，使企业形成正确的环境价值观，重视环境管理，自觉注重绿色化生产，拒绝不良环境行为。另一方面，要积极宣传环保知识，形成全民重视环境保护的社会风气，消费者转变消费理念，更愿意选择环保产品；投资者将投资理念与公司未来的发展潜力和社会声誉相结合，更加关注企业的环境行为，重视企业环境绩效；同时，公民发挥监督作用，积极举报企业环境违法行为。

5.3 研究局限性及展望

（1）数据收集渠道有限。数据收集只能通过上市公司官方网站发布的年度报告、可持续发展报告、社会责任报告、公众环境研究中心以及中国环境保护网等网站收集企业环境事件信息，导致不可能全面涵盖企业发生的所有环境事件，因此，企业环境事件的统计数据可能不够准确。未来进行研究时，希望能够得到关于环境事件更加详细和准确的数据，从而可以更有针对性地探究京津冀重污染行业上市公司环境事件背后的市场动因和制度动因，得出更加客观的结论。

（2）事件研究法本身存在一定的缺点。如果企业的环境事件信息在公布前被泄露，投资者预先获得了企业内部消息，则投资公司的股票价格将在环境事件发布之前产生波动。同时，与环境事件同时发生的其他事件也可能影响股票价格变动，因此，不同事件窗口的选择也可能导致不同的实证研究结果。在未来的进一步研究中，可以不断完善一些细节方面存在的问题，比如关于事件窗口的选择，以及是否存在影响环境事件市场反应的其他因素。

（3）由于样本数量的限制，本篇无法通过分行业、分环境事件类型进一步研究样本公司，对于样本公司的选择也只限于沪深两市 A 股的京津冀重污染行业企业，不能够全面呈现京津冀地区整体的上市公司环境事件市场反应。如果样本量足以支持，将来可以进一步研究不同行业，不同环境事件类型，不同环境法规的资本市场效应。

参考文献

［1］Lanoie, P., Laplante, B., Mait, R., "Can Capital Markets Create Incentives for Pollution Control?", *Ecological Economics*, 1998, 26 (1): pp. 31-41.

［2］Capelle-Blancard, G., Laguna, M. A., "How does the stock market respond to chemical disasters?", *Journal of Environmental Economics & Management*, 2010, 59 (2): pp. 192-205.

［3］Dasgupta, S., Laplante, B., Mamingi, N., "Pollution and Capital Markets in Developing Countries", *Journal of Environmental Economics & Management*, 2001, 42 (3): pp. 310-335.

［4］Gupta, S., Goldar, B., "Do stock markets penalise environment-unfriendly behaviour? Evidence from India", *Ecological Economics*, 2005, 52 (1): pp. 81-95.

［5］Dasgupta, S., Hong, J. H., Laplante B, et al., "Disclosure of environmental violations and stock market in the Republic of Korea", *Ecological Economics*, 2006, 58 (4): pp. 759-777.

［6］Corbett, C. J, Pan, J. N., "Evaluating environmental performance using statistical process control techniques", *European Journal of Operational Research*, 2002, 139 (1): pp. 68-

83.

［7］Sarkar，R.，"Public policy and corporate environmental behavior：a broader view"，*Corporate Social Responsibility&Environmental Management*，2008，15（5）：pp. 281–297.

［8］Jody M. Hines，Harold R. Hungerford，Audrey N. Tomera，"Analysis and Synthesis of Research on Responsible Environmental Behavior：A Meta–Analysis"，*Journal of Environmental Education*，1987，18（2）：pp. 1–8.

［9］陈雯、Dietrich Soyez、左文芳："工业绿色化：工业环境地理学研究动向"，载《地理研究》2003 年第 5 期，第 601~608 页。

［10］李富贵、甘复兴、邓德明、徐兵："企业环境行为分析"，载《中国环境管理干部学院学报》2007 年第 1 期，第 49~51 页。

［11］王京芳、周浩、曾又其："企业环境管理整合性架构研究"，载《科技进步与对策》2008 年第 12 期，第 147~150 页。

［12］周曙东："企业环境行为绩效综合评价指标体系研究"，载《中国国情国力》2011 年第 11 期，第 52~55 页。

［13］Olson，M. K.，"Agency Rulemaking，Political Influences，Regulation，and Industry Compliance"，*Journal of Law Economics & Organization*，1999，15（3）：pp. 573–601.

［14］Arora，S.，Cason，T. N.，"Do Community Characteristics Influence Environmental Outcomes? Evidence from the Toxics Release Inventory"，*Southern Economic Journal*，1999，65（4）：pp. 691–716.

［15］Brooks，N.，Sethi，R.，"The Distribution of Pollution：Community Characteristics and Exposure to Air Toxics"，*Journal of Environmental Economics & Management*，1997，32（2）：pp. 233–250.

［16］Arora，S.，Gangopadhyay，S.，"Toward a theoretical model of voluntary over–compliance"，*Journal of Economic Behavior & Organization*，1995，28（3）：pp. 289–309.

［17］Khanna，M.，Quimio，W. R. H.，Bojilova，D.，"Toxics Release Information：A Policy Tool for Environmental Protection"，*Journal of Environmental Economics & Management*，1998，36（3）：pp. 243–266.

［18］Welch，E. W.，Mori，Y.，Aoyagi–Usui，M.，"Voluntary adoption of ISO 14001 in Japan：Mechanisms，stages and effects"，*Business Strategy & the Environment*，2002，11（1）：43–62.

［19］Henriques，I.，Sadorsky，P.，"The Determinants of an Environmentally Responsive Firm：An Empirical Approach"，*Journal of Environmental Economics & Management*，1996，30（3）：pp. 381–395.

［20］Guan，J. et al.，"Environmental Behavior and Analysis of Driving Model for Printing and Dyeing Enterprises in Taihm Basin", *Journal of Lake Science*, 2005, 17 (4): pp. 351-355.

[21] Gottsman, L., Kessler, J., "Smart Screened Investments: Environmentally Screened Equity Funds that Perform Like Conventional Funds", *Journal of Investing*, 1998, 7 (3): pp. 15-24.

[22] Earnhart, D., Lizal, L., "Effects of ownership and financial performance on corporate environmental performance", *Journal of Comparative Economics*, 2006, 34 (1): pp. 111-129.

[23] Downing, P. B., Kimball, J. N., "Enforcing Pollution Control Laws in the United States", Policy Studies Journal, 1982, 11 (1), pp. 55-65.

[24] 刘红明："工业绿色化的内涵及影响因素分析"，载《现代经济探讨》2008年第11期，第54~57页。

[25] 邱桂杰、彭辉："我国企业污染减排动力的影响因素分析"，载《生态经济：学术版》2011年第1期，第257~260页。

[26] 周群艳、周德群："企业环境管理行为的动机分析"，载《重庆环境科学》2000年第1期，第9~11页。

[27] 宋宝莉、何东："基于核心利益相关者的企业承担生态责任创造战略价值回归研究"，载《商业时代》2011年第12期，第84~85页。

[28] 陈江龙等："太湖地区工业绿色化进程研究——以无锡市为例"，载《湖泊科学》2006年第6期，第621~626页。

[29] Shane, P. B., Spicer, B. H., "Market Response to Environmental Information Produced outside the Firm", *The Accounting Review*, 1983, 58 (3): pp. 521-538.

[30] Laplante, B., Lanoie, P., "The Market Response to Environmental Incidents in Canada: A Theoretical and Empirical Analysis", *Southern Economic Journal*, 1994, 60 (3): pp. 657-672.

[31] Hamilton, J. T., "Pollution as News: Media and Stock Market Reactions to the Toxics Release Inventory Data", *Journal of Environmental Economics & Management*, 1995, 28 (1): pp. 98-113.

[32] Klassen, R. D., Mclaughlin, C. P., "The impact of environmental management on firm performance", *Management Science*, 1996, 42 (8): pp. 1199-1214.

[33] Jacobs, B. W., Singhal, V. R., Subramanian, R., "An empirical investigation of environmental performance and the market value of the firm", *Journal of Operations Management*, 2010, 28 (5): pp. 430-441.

[34] Patten, D. M., Nance, J. R., "Regulatory cost effects in a good news environment: The intra-industry reaction to the Alaskan oil spill", *Journal of Accounting & Public Policy*, 1998, 17 (4-5): pp. 409-429.

[35] 孙俊奇、蔡雪雄："股价包含了环境绩效信息吗？——来自中国沪深两市重污染

行业的经验证据",载《东南学术》2013 年第 6 期,第 111~122 页。

[36] 孔东民、徐茗丽、黄京:"环境污染、媒体曝光与不同类型的投资者反应",载《华中科技大学学报(社会科学版)》2013 年第 2 期,第 82~89 页。

[37] 刘正阳:"环境信息披露的市场反应——基于监管机构相关规定颁布的经验研究",载《中国会计学会财务成本分会 2011 年年会暨第二十四次理论研讨会论文集》2011 年版。

[38] 胡华夏、胡冬:"上市公司环境信息披露的市场效应",载《财会月刊》2008 年第 5 期,第 18~19 页。

[39] Patten, D. M., Nance, J. R., "Regulatory cost effects in a good news environment: The intra-industry reaction to the Alaskan oil spill", *Journal of Accounting & Public Policy*, 1998, 17 (4): pp. 409-429.

[40] Wilmshurst, T., Frost, G., "Corporate Environmental Performance. A Test of Legitimacy Theory", *Accounting, Auditing & Accountability Journal*, 2000, 13 (1): pp. 10-26.

[41] Freedman, M., Patten, D. M., "Evidence on the pernicious effect of financial report environmental disclosure", *Accounting Forum*, 2004, 28 (1): pp. 27-41.

[42] Barth, M. E., Mcnichols, M. F., Wilson, G. P., "Factors Influencing Firms' Disclosures about Environmental Liabilities", *Review of Accounting Studies*, 1997, 2 (1): pp. 35-64.

[43] Hughes, S. B., Anderson, A., Golden, S., "Corporate environmental disclosures: are they useful in determining environmental performance?", *Journal of Accounting & Public Policy*, 2001, 20 (3): pp. 217-240.

[44] Mimi L. Alciatore, Carol Callaway Dee, "Environmental Disclosures in the Oil and Gas Industry", *Advances in Environmental Accounting & Management*, 2006, 3: pp. 49-75.

[45] Akhigbe, A., Martin, A. D., "Influence of disclosure and governance on risk of US financial services firms following Sarbanes-Oxley", *Journal of Banking & Finance*, 2008, 32 (10): pp. 2124-2135.

[46] Kolstad, C. D., "Learning and Stock Effects in Environmental Regulation: The Case of Greenhouse Gas Emissions", *Journal of Environmental Economics & Management*, 1996, 31 (1): pp. 1-18.

[47] 卢馨、李建明:"中国上市公司环境信息披露的现状研究——以 2007 年和 2008 年沪市 A 股制造业上市公司为例",载《审计与经济研究》2010 年第 3 期,第 62~69 页。

[48] 郑若娟:"中国重污染行业环境信息披露水平及其影响因素",载《经济管理》2013 年第 7 期,第 35~46 页。

[49] 胡立新、刘海萍:"我国上市公司环境信息披露的效果分析",载《商业会计》

2011 年第 16 期，第 71~72 页。

　　[50] Wilmshurst, T. D., Frost, G. R., "Corporate environmental reporting: A test of legitimacy theory", *Accounting, Auditing & Accountability Journal*, 2000, 13 (1): pp. 10-26.

　　[51] 史晓媛："环境信息披露市场反应的实证研究"，大连理工大学 2006 年硕士学位论文。

　　[52] Johns, Alan D., et al., "The medical and economic impact of laparoscopically assisted vaginal hysterectomy in a large, metropolitan, not-for-profit hospital", *American Journal of Obstetrics & Gynecology*, 1995, 172 (6): pp. 1709-1715.

　　[53] 吴元友："我国证券市场有效性测定的研究"，载《河南科技》2005 年第 7 期，第 69~70 页。

　　[54] 林春艳、孙淑杰："有效市场假说在中国股市表现的实证分析"，载《山东财政学院学报》2009 年第 4 期，第 58~60 页。

　　[55] Frooman, J., "Socially irresponsible and illegal behavior and shareholder wealth: A meta-analysis of event studies", *Business and Society*, 1997, 36 (3): pp. 221-249.

　　[56] 付瑶："环境管理、环境绩效和财务绩效的相关性研究"，华东交通大学 2011 年硕士学位论文。

　　[57] S. Sharma, "Managerial interpretations and organizational context as predictors of corporate choice of environmental strategy" *The Academy of Management Journal*, 2000, 43 (4): pp. 681~697.

　　[58] Hillman, A. J., Keim, G. D., "Shareholder value, stakeholder management, and social issues: What's the bottom line?", *Strategic Management Journal*, 2001, 22 (2): pp. 125-139.

　　[59] 张玮："环境信息披露的市场反应研究"，复旦大学 2008 年硕士学位论文。

　　[60] Gupta, S., Goldar, B., "Do stock markets penalise environment-unfriendly behaviour? Evidence from India", *Ecological Economics*, 2005, 52 (1): pp. 81-95.

　　[61] Dasgupta, S., Laplante, B., Mamingi, N., "Pollution and Capital Markets in Developing Countries", *Journal of Environmental Economics & Management*, 2001, 42 (3): pp. 310-335.

　　[62] 王建明："环境信息披露、行业差异和外部制度压力相关性研究——来自我国沪市上市公司环境信息披露的经验证据"，载《会计研究》2008 年第 6 期，第 54~62 页。

　　[63] 毕茜、彭珏、左永彦："环境信息披露制度、公司治理和环境信息披露"，载《会计研究》2012 年第 7 期，第 39~47 页。

　　[64] 贾敬全："上市公司环境信息披露监管研究"，中国矿业大学 2015 年博士学位论文。

　　[65] Cheng, B., Ioannou, I., Serafeim, G., "Corporate social responsibility and access

to finance", *Strategic Management Journal*, 2014, 35 (1): pp. 1-23.

[66] Porter, M. E., Claas, V. D. L., "Toward a New Conception of the Environment-Competitiveness Relationship", *Journal of Economic Perspectives*, 1995, pp. 9 (4): pp. 97-118.

[67] Porter, M. E., Kramer, M. R., "Strategy and society: the link between competitive advantage and corporate social responsibility", *Harrard Business Review*, 2006, 84 (12): pp. 78-92.

[68] 任远:"环境事件对我国上市企业股票价格影响研究——以紫金矿业污染事件对采掘业股价的影响为例",华东师范大学 2012 年硕士学位论文。

[69] 唐红玉:"环境事件对我国上市公司股票价格影响研究——基于山东青岛中石化输油管道爆炸污染事件的研究",广西大学 2015 年硕士学位论文。

[70] 谢锟:"环境事件披露的市场反应——来自沪深两市重污染行业上市公司经验数据",兰州商学院 2013 年硕士学位论文。

[71] Consolandi, C., Jaiswal-Dale, A., Poggiani, E., et al., "Global Standards and Ethical Stock Indexes: The Case of the Dow Jones Sustainability Stoxx Index", *Journal of Business Ethics*, 2009, 87 (1): pp. 185-197.

[72] Brandebo, M. F., Nilsson, S., Larsson, G., "Leadership: is bad stronger than good?", *Leadership & Organization Development Journal*, 2016, 37 (6): pp. 690-710.

[73] Skowronski, J. J., Carlston, D. E., "Negativity and extremity biases in impression formation: A review of explanations", *Psychological Bulletin*, 1989, 105 (1): pp. 131-142.

[74] Skowronski, J. J., Carlston, D. E., "Negativity and extremity biases in impression formation: A review of explanations", *Psychological Bulletin*, 1989, 105 (1): pp. 131-142.

[75] Sen, S., Bhattacharya, C. B., "Does doing good always lead to doing better? Consumer reactions to corporate social responsibility", *Journal of Marketing Research*, 2001, 38 (2): pp. 225-243.

[76] Lankoski, L., "Differential economic impacts of corporate responsibility issues", *Business and Society*, 2009, 48 (2): pp. 206-224.

[77] Klassen, R. D., McLaughlin, C. P., "The impact of environmental management on firm performance", *Management Science*, 1996, 42 (8): pp. 1199-1214.

[78] Jan Endrikat, "Market Reactions to Corporate Environmental Performance Related E-vents: A Meta-analytic Consolidation of the Empirical Evidence", *Journal of Business Ethics*, 2016, 138 (3): pp. 535-548.

[79] 张钰婷:"环境信息披露的市场反应研究——以沪市 A 股重污染企业为例",首都经济贸易大学 2015 年硕士学位论文。

正面环境事件

序号	股票代码	股票名称	事件报告期	事件内容
1	600028.SH	中国石化	2014-2-12	中国民用航空局正式向中国石化颁发一号生物航空煤炭技术标准项目的批准文件
2	600161.SH	天坛生物	2014-6-1	通过国家《万家企业节能低碳行动》指标考核工作
3	601088.SH	中国神华	2014-7-1	京津冀首个"超低排放"燃煤机组改造工程竣工投产
4	000401.SZ	冀东水泥	2014-9-9	启新公司积极建设绿色矿山，引进先进的"山体恢复绿化"项目
5	000758.SZ	中色股份	2014-11-27	中国有色集团在2014年国际节能环保技术装备展览会上亮相
6	002051.SZ	中工国际	2014-11-28	北京沃特尔水技术公司获得"2014水工业行业品牌盛会十大节能环保创新品牌"称号

续表

序号	股票代码	股票名称	事件报告期	事件内容
7	000959.SZ	首钢股份	2015-3-1	冷轧公司被北京市政府授予"首都环保先进集体"称号。
8	000401.SZ	冀东水泥	2015-4-24	富丰公司荣获"宝鸡市环保工作先进单位"称号
9	601618.SH	中国中冶	2015-5-16	中冶北方承建的江苏永钢联峰钢铁有限公司2号450㎡烧结机活性焦烟气净化系统开始运转
10	600028.SH	中国石化	2015-12-29	涪陵页岩气田50亿方产能建成
11	002442.SZ	龙星化工	2016-2-1	公司投资3700余万元再次进行锅炉脱硫脱硝技术改造
12	601668.SH	中国建筑	2016-3-11	举行地球一小时"为蓝生活"主题活动
13	000937.SZ	冀中能源	2016-4-1	梧桐庄矿矸石山一期绿化工程正式开工建设,累计投入资金10万元
14	601800.SH	中国交建	2016-6-1	中交四航局"中交国际中心"项目获得美国绿色建筑委员会授予的"LEED-CS金级预认证"官方认证书
15	601088.SH	中国神华	2016-6-5	世界环境日活动
16	600011.SH	华能国际	2016-7-27	华能联合西门子举办"2016能源·绿色发展论坛"
17	300200.SZ	高盟新材	2016-9-7	《环保及环境管理体系基础知识》培训

序号	股票代码	股票名称	事件报告期	事件内容
18	601186. SH	中国铁建	2016-11-1	中铁建设大厦获"北京市节水型单位"称号
19	601618. SH	中国中冶	2016-11-15	世界最大的烧结烟气综合治理项目中国冶金长天EP总承包－宝钢炼铁厂Ⅲ烧结大型改造工程项目烟气净化项目投产
20	601991. SH	大唐发电	2017-2-25	大唐托电10号机组投产,世界最大火电厂绿色转型
21	601186. SH	中国铁建	2017-3-2	中铁二十二局集团有限公司茅台项目部"雷锋小分队"在革命圣地进行环保公益宣传
22	600056. SH	中国医药	2017-3-10	子公司天方药业顺利通过ISO质量环境管理体系 监督审核检查
23	600011. SH	华能国际	2017-4-19	华能日照电厂获"低碳山东行业领军单位"荣誉称号
24	002603. SZ	以岭药业	2017-6-1	通过了国家级绿色工厂评价,是首批通过认证的单位
25	000959. SZ	首钢股份	2017-8-29	京唐公司获得排污许可证
26	000959. SZ	首钢股份	2017-9-2	迁钢公司取得排污许可证
27	002271. SZ	东方雨虹	2017-9-5	唐山东方雨虹荣登2017年绿色制造体系示范名单
28	601800. SH	中国交建	2017-11-1	中交四航局建造的7800吨沥青船顺利交付,被称为持有"绿色护照"的沥青船

续表

序号	股票代码	股票名称	事件报告期	事件内容
29	601991.SH	大唐发电	2017-12-25	江山新城热电公司被誉为浙江省"清洁生产企业"
30	601992.SH	金隅集团	2017-12-28	金隅冀东水泥3家企业获国家首批"绿色工厂"称号
31	601992.SH	金隅集团	2018-2-24	中国绿色发展论坛在京举办,金隅鼎鑫水泥公司获多项荣誉
32	300026.SZ	红日药业	2018-3-27	北京康仁堂荣获"中国绿色环保产品"称号
33	603060.SH	国检集团	2018-4-26	国检集团再次获得北京环境交易所年度十佳会员
34	002603.SZ	以岭药业	2018-5-1	注册了绿色制造公共服务平台并定期公布绿色制造水平指标及先进经验
35	600812.SH	华北制药	2018-6-28	华北制药与天津大学等机构携手共同治理"水污染"
36	000959.SZ	首钢股份	2018-7-4	首钢迁钢被评为"2018绿色发展十大优秀企业"
37	603060.SH	国检集团	2018-8-14	国检集团成为"浙江绿色认证联盟"副主席单位,服务国家绿色产品认证试点

负面环境事件

序号	股票代码	股票名称	事件报告期	事件内容
1	601668.SH	中国建筑	2014-5-19	夜间噪声污染
2	300200.SZ	高盟新材	2014-8-15	北京高盟新材股份有限公司燕山分公司工艺废气排放超标。
3	002038.SZ	双鹭药业	2014-12-9	废水中氨氮、化学需氧量超标
4	600722.SH	金牛化工	2014-12-12	锅炉烟尘排放浓度超过排放标准的1倍以内
5	600488.SH	天药股份	2015-1-4	2015年第1季度国控废水企业超标情况公布其总磷超标
6	600812.SH	华北制药	2015-8-18	石家庄环保局责令立即停止违法排污行为；处罚款壹拾肆万玖仟元整
7	000937.SZ	冀中能源	2015-8-26	排放到大气中的污染物浓度超过国家标准
8	000937.SZ	冀中能源	2015-9-17	排放到大气中的污染物浓度超过国家标准
9	601088.SH	中国神华	2015-11-10	2015年第二季度氨氮、COD超标排放
10	000937.SZ	冀中能源	2016-2-2	灰库东北角有部分煤炭露天堆放，厂区东侧1#渣库部分灰渣露天存放，均未采取有效防尘措施
11	002442.SZ	龙星化工	2016-4-18	大气污染物超标排放
12	601800.SH	中国交建	2016-5-26	施工噪声
13	000937.SZ	冀中能源	2016-8-8	露天存放叶腊石粉、石灰石等未采取有效措施防治扬尘污染

序号	股票代码	股票名称	事件报告期	事件内容
14	300485.SZ	赛升药业	2016-8-18	北京赛升药业股份有限公司控股子公司北京赛而生物药业有限公司部分废水排放超标
15	601088.SH	中国神华	2016-12-9	超标排污,在限期内仍未办理环评审批手续
16	600028.SH	中国石化	2016-12-26	超标排污
17	600028.SH	中国石化	2017-2-9	催化裂化装置烟气中颗粒物超标排放
18	600028.SH	中国石化	2017-4-5	国家环保部在对燕山石化进行环保检查时,发现燕山石化在废气排放治理、电子数据台账录入等方面存在问题
19	002392.SZ	北京利尔	2017-4-20	连铸功能耐火材料项目未申报环保设施验收
20	600997.SH	开滦股份	2017-5-25	物料露天堆放,未采取有效的抑尘措施
21	601800.SH	中国交建	2017-6-2	噪声污染
22	002066.SZ	瑞泰科技	2017-7-11	超过污染物排放标准
23	000709.SZ	河钢股份	2017-7-30	物料车间、生产车间未采取密闭、清洗等有效措施控制粉尘的排放;未按照规定申报登记工业固体废物;部分固体废物露天堆放
24	601101.SH	昊华能源	2017-8-15	污水处理站总排口出水涉嫌超标
25	000709.SZ	河钢股份	2017-9-18	将危险废物混入到非危险废物中贮存;环评文件未经审批,擅自开工建设;未经验收主体工程投入使用

序号	股票代码	股票名称	事件报告期	事件内容
26	600329.SH	中新药业	2017-12-13	针对其废水超标排放环境违法一案，天津市东丽区环境保护局予以环保"黄牌"警示通知书
27	600722.SH	金牛化工	2018-1-29	金牛旭阳突发环境事件
28	000401.SZ	冀东水泥	2018-3-22	违规露天采矿作业，大量石灰石露天堆放，未采取有效粉尘防护措施，粉尘污染严重；石灰石预匀化库和煤库未密闭，上料机没有防污设施，部分粉尘无组织排放
29	600028.SH	中国石化	2018-4-9	催化再生烟气脱硫排气筒烟气中颗粒物超标排放；污染源自动监控设施不正常运行情况
30	600997.SH	开滦股份	2018-4-17	煤泥、煤矸石露天存放未完全苫盖
31	000401.SZ	冀东水泥	2018-4-18	石灰石圆形堆棚外空地上，有废机油桶与其他一般固体废弃物露天混堆，未采取三防措施
32	300200.SZ	高盟新材	2018-5-14	北京高盟新材料股份有限公司燕山分公司建设项目未完成环境验收
33	601668.SH	中国建筑	2018-6-12	夜间噪声污染
34	601088.SH	中国神华	2018-7-16	磷总排放量超标
35	300204.SZ	舒泰神	2018-7-20	大气污染防治设施未正常运行，逃避监管
36	600011.SH	华能国际	2018-8-1	违反大气和水污染防治管理制度
37	002392.SZ	北京利尔	2018-8-2	排放粉尘，未安装净化装置，也未采取其他措施

续表

序号	股票代码	股票名称	事件报告期	事件内容
38	000758.SZ	中色股份	2018-8-24	中色锌业林东分厂的脱硫石膏渣未及时清运至符合环保要求的渣场内；中色矿业南区 1#尾矿库现应处于植被复垦阶段，检查发现中色矿业向应闭库的南区 1#尾矿库排放尾矿浆